立人天地

"垮掉的一代"教父：
威廉·巴勒斯传

WILLIAM S.
BURROUGHS

【英】菲尔·贝克 著
Phil Baker / 张 凤 译

黑龙江出版集团

黑龙江教育出版社

黑版贸审字 08-2017-123号

图书在版编目（CIP）数据

"垮掉的一代"教父：威廉·巴勒斯传／（英）
菲尔·贝克（Phil Baker）著；张凤译． -- 哈尔滨：
黑龙江教育出版社，2017.9
ISBN 978-7-5316-9629-2

Ⅰ．①垮…　Ⅱ．①菲…　②张…　Ⅲ．①威廉·巴勒斯
（1914—1997）-传记　Ⅳ．① K837.125.6

中国版本图书馆 CIP 数据核字（2017）第 236108 号

"垮掉的一代"教父：威廉·巴勒斯传
"KUADIAO DE YIDAI" JIAOFU: WEILIAN · BALESI ZHUAN

丛书策划　宋舒白
作　　者　[英] 菲尔·贝克（Phil Baker）著
译　　者　张　凤译
选题策划　王　毅
责任编辑　田　洁
装帧设计　冯军辉
责任校对　张爱华

出版发行　黑龙江教育出版社（哈尔滨市南岗区花园街 158 号）
印　　刷　北京鹏润伟业印刷有限公司
新浪微博　http://weibo.com/longjiaoshe
公众微信　heilongjiangjiaoyu
天 猫 店　https://hljjycbsts.tmall.com
E－mail　heilongjiangjiaoyu@126.com
电　　话　010—64187564

开　　本　700×1000　1/16
印　　张　14.75
字　　数　184千
版　　次　2018年1月第1版　2018年1月第1次印刷
书　　号　ISBN 978-7-5316-9629-2
定　　价　45.00 元

目录

Contents

第一章
忧郁的圣路易斯

回顾其自传体小说《瘾君子》(*Junky*)中关于童年的部分,巴勒斯这样写道,他会"怀念旧时光",想起住在隔壁的德国老医生、后院的老鼠以及养在水塘边的宠物癞蛤蟆。不过他又称自己的早期记忆是焦虑的:怕黑、怕独处,而且还担心做噩梦,梦中似乎总感觉到某种"超自然的恐怖"景象即将显现,仿佛就要掉进醒来的生活中。正是由于这些噩梦,他从孩提时代就对鸦片充满向往 —— 至少他在讲述自己的故事中是这么说的。他曾经听到女仆谈及鸦片,说抽鸦片能做美梦,便说:"我长大以后要抽鸦片。"

威廉·西沃德·巴勒斯二世(William Seward Burroughs Ⅱ)于1914年2月5日出生于密苏里州圣路易斯市柏林大街4664号,这条漂亮的大街绿树成荫,在第一次世界大战期间改名为潘兴大街①。那是一幢三层的砖楼,房前有一个大花园,后院还有个池塘,很符合巴勒斯夫妇 —— 莫蒂默(Mortimer)和劳拉·李(Laura Lee)的中产阶级品位,他们的生活小康但不算富裕。小威廉的名字源于他的爷爷,即曾经发明了著名的巴勒斯加法机②的威廉·西沃德·巴勒斯。该项目原本面临灾难,幸亏他拯救了这个项目。当时有人发现,如果拉动手柄的力量发生变化,机器会产生不同的数据,于是银行退货,巴勒斯面

---

① 根据第一次世界大战将军约翰·潘兴(John J. Pershing)的名字而改的街道名称。
② 巴勒斯加法机,即现金出纳机。

心神不宁：心事重重的巴勒斯，伦敦公爵街，吉姆·彭宁顿拍摄于1972年

临破产，但是他很快发现可以使用液压装置调节拉力，于是这款机器起死回生了。后来小威廉在《裸体午餐》（*Naked Lunch*）中这样写道："由于坐标是一定的，无论怎样猛拽手柄，结果都相同。尽早接受我的训练……好吗？"

从他母亲这边的血统来看，比尔①的先祖是一个坚定的南方卫理公会牧师——佐治亚州的詹姆士·怀德曼·李（James Wideman Lee），可能与南方军总司令罗伯特·E. 李（Robert E. Lee）有远亲关系（姓李的南方人大多这么说）。劳拉·李的兄弟艾维（Ivy）对家族背景夸张的新说法是，他们是早期公共关系艺术的先行者。艾维是业内翘楚，人称"毒藤"李，他的客户名单中包括洛克菲勒家族。20世纪30年代，大屠杀中使用的毒气齐克隆B的生产商——德国法本公司曾向他付费，请他提升希特勒在美国的形象。

另一位叔叔辈亲属霍勒斯·巴勒斯（Horace Burroughs）则是一名依赖吗啡的瘾君子。在鸦片制剂合法的"黑暗天堂"年代，像他这样的瘾君子为数不少。直到比尔出生那年，随着1914年《哈里森毒品法》的颁布，"黑暗天堂"年代才宣告结束。巴勒斯曾经在一次采访中这样问道："有没有人想过，实际上，1914年之前，毒品在美国是合法的。你可以买到吗啡、海洛因、可卡因，各种酊剂、大麻提取物……人和动物都可用……是的，先生，美好的过去……他们不愿承认曾经有段时间毒品在美国是可以合法销售的，甚至不愿承认19世纪真正存在过。"②1915年，霍勒斯·巴勒斯自杀，年仅29岁。

祖父巴勒斯积劳成疾、酗酒，40岁出头就死于肺结核，合作伙伴

---

① 比尔（Bill）是巴勒斯的昵称。

② 在1985年巴勒斯接受戴维·奥勒（David Ohle）的访问中提到，收录在《我这样的天使：我是威廉·巴勒斯》（*My Kind of Angel: I.m. William Burroughs*）中，鲁珀特·劳埃戴尔（Rupert Loydell）编著，埃克塞特，1998年，第33页。

乔·波伊尔（Joe Boyer）发了财，并将公司名称从美国计数器公司改成巴勒斯加法机公司。巴勒斯一家没有传闻中那么有钱，虽然莫蒂默·巴勒斯在华尔街股灾发生前不久出售了自己的股票，但也只值20万美元。莫蒂默·巴勒斯做过平板玻璃业务，后来又做过景观园林设计，他的妻子则开过一家名叫"鹅卵石花园"的礼品店（"草坪设施、院内饰品、烧烤器具以及各种小摆设……他们做得很不错"）。

能够从事景观园艺和礼品店的工作，父母双方都有一定的审美情趣。劳拉·李还是一位有名的花艺师，她后来在可口可乐公司的资助下写过3本内容有点奇怪的有关"清新花艺"的书。"墨西哥，这片满是花卉、色彩和愉快生活的土地，是整张餐桌的灵感。"她说，"锡制大烛台下的圣母像、餐盘、椅子、玻璃杯、花瓶、镜子以及水果等都来自墨西哥。"在《廉价的魅力》一文中，她写道："这个组合是头脑对金钱的胜利。大烛台是从一个铁艺店买来的，很便宜……我们骄傲地指着那把冷柜椅，上面镀了金，铺上软垫，非常可爱……"

巴勒斯夫人是个迷人、优雅的女人，她在基督教盛行的地区长大，因为小时候曾经受伤导致跛脚，所以她讨厌谈及身体功能。不过，仿佛作为一种补偿，她具有某种通灵的能力，或者在她儿子看来如此："我母亲……曾经做过一个梦，梦到我的兄弟莫特（Mort）脸上流着血走进来说：'妈妈，我刚出了车祸。'实际上，当时他刚遭遇车祸，脸上多处受伤。"

虽然劳拉·李·巴勒斯努力过着优雅的生活，但是巴勒斯一家并非名门望族，他们自己也明白。他们是圣路易斯的社会名流，但还没有加入圣路易斯的高尔夫和乡村俱乐部。祖母巴勒斯经历过殖民时期，但不是革命后代。他们会应邀参加聚会，但都是大型聚会。巴勒斯如是说："谁会愿意让寒酸的巴勒斯家的孩子们跑来跑去呢？"

不过，20万美元也不是小数目，这家人很快雇了一名厨师、一名

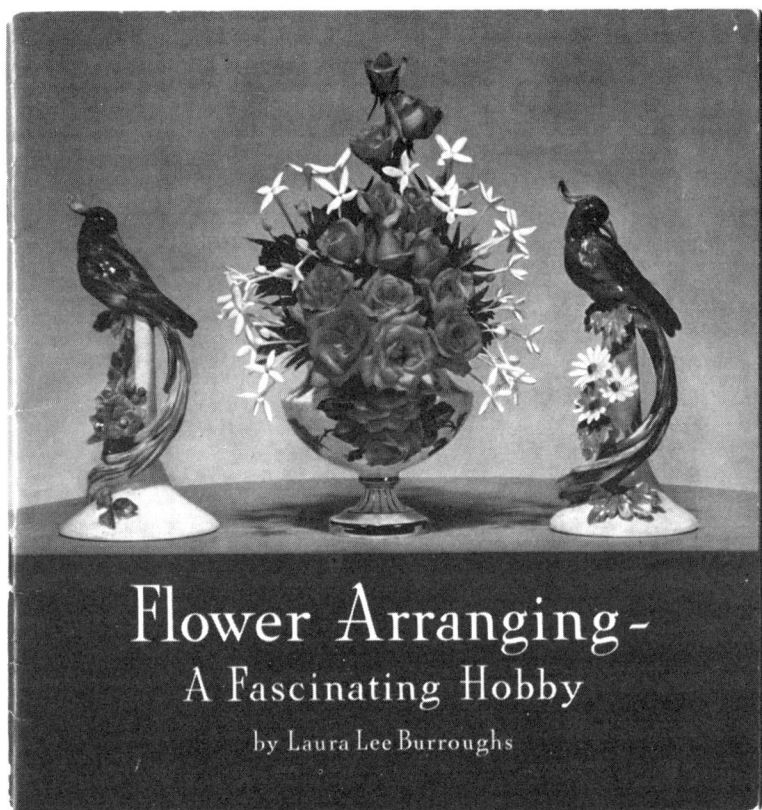

Flower Arranging -
A Fascinating Hobby

by Laura Lee Burroughs

劳拉·李·巴勒斯丁 1940 年出版的花艺书

女仆、一名园丁、一名管家以及一名保姆。厨师和保姆都很迷信，她们向威廉灌输了一些可怕的超自然的观点。年老的爱尔兰厨师教他如何"召唤癞蛤蟆"，就是让水塘边的癞蛤蟆现身；她还教他有关旋盘尾丝虫的咒语，其中提到了发霉的面包和针，韵文是这样的：

> 线上有针，面包有针；
>
> 针上有眼，眼上有针；
>
> 把面包埋进臭坑。

保姆玛丽·埃文斯（Mary Evans）是威尔士人，会古老的威尔士咒语：

> 跌跌绊绊，
>
> 打滑跌倒，
>
> 摔下楼梯，
>
> 撞上墙角。

玛丽·埃文斯此人还有很多故事，不过巴勒斯已记不清楚。在做精神分析的那几年里，他也无法想起当时到底发生了什么事情，但玛丽及其男友似乎曾经虐待过他。20世纪50年代，巴勒斯在一篇名叫《传言》（Word）的文章中详细描述过这些事情，暗示自己在婴儿时期曾经出于自卫咬过玛丽男友的阴茎。在稍后的一次源于精神分析的推测中，他认为自己目睹了玛丽非法堕胎并焚烧了胎儿。

在泰德·摩根（Ted Morgan）笔下，那位恼怒的心理分析师说道："那影响你整个人生的到底是什么？"巴勒斯并不清楚。在《李的日记》（Lee's Journals）一文中，他这样写保姆玛丽：

即使是在麻醉分析的状态下，他也想不起来。一旦他快要记起来，激动就撕扯着他，压抑着他的感情色调，仿佛那是一种类似电能的中性能源。记忆无法真正看到或重新经历，只能通过拒绝、伪装和否定的途径不断加以疏离。

不管那是什么，巴勒斯的内心始终受其影响，一生都感到烦乱。

玛丽·埃文斯突然辞去工作，虽然她曾令巴勒斯的生活蒙上阴影，但是其中也不乏愉快的时光。巴勒斯记得他每天都会跟兄弟和保姆一起去森林公园散步，保姆对他们说："不要提问题，不要发表评论。"森林公园里有一个 1904 年圣路易斯世界博览会时留下的宝塔（有首歌曲这样唱道："到圣路易斯见我 / 到世博会见我……"），还有一个儿童乐园，有过山车、摩天轮和游乐场等，后来这些都成了他作品中的题材。巴勒斯记得"游乐场里有热门的西洋景"①。

圣路易斯当时是一个鱼龙混杂的地方。它位于美国中西部腹地，算是一个待开发的边缘小镇，流行严肃的密苏里实用论和怀疑论（密苏里州是所谓的"索证之州"，居民们只相信自己亲眼所见；巴勒斯曾经在一封信中写道："作为密苏里州居民，我知道眼见为实，决不轻信。"②）这个小镇还有一点点文雅，T.S. 艾略特年轻时曾经在此生活过，T.S. 艾略特正是巴勒斯喜爱的作家。潘兴大街上隔壁男孩的妈妈里弗斯·斯金克·马修斯（Rives Skinker Matthews）经常与年轻的艾略特一起去上舞蹈课，她记得艾略特的袜子经常坏。

圣路易斯也有阴暗面，巴勒斯却特别欣赏。记忆中，夏日的晚上，

---

① 《巴勒斯档案》（*The Burroughs File*）中的"圣路易斯回归"，旧金山，1984 年，第 88 页，进一步调侃了这个游乐场后来被烧毁的事实。

② "1959 年 5 月 18 日，致艾伦·金斯伯格的信"，收录于《威廉·S. 巴勒斯写于 1943—1959 年间的信件》（*The Letters of William S. Burroughs 1943—1959*），奥利弗·哈里斯（Oliver Harris）编著，伦敦，1993 年，第 415 页。

圣路易斯森林公园中的鳄鱼池，巴勒斯经常跟保姆去那里散步

他喜欢坐在后阳台上，喝着口哨饮料（一种含糖饮料；广告说："男孩子们用吸管吹"）；他还记得花园底部的灰坑和旁边的佩雷斯河有煤灰的味道，简直就是一个开放的下水道。在后来题为《鹅卵石花园》（*Cobble Stone Gardens*）的作品中，他疯狂地夸大这个标记，设想圣路易斯市民抱怨："我那十几岁的女儿沾了一身屎。这就是美国的生活方式吗？"

"我想是的，"巴勒斯说，"我未曾想过要改变它。"另外圣路易斯东部还有红灯区，"是空地旁的边缘地区，广告牌已经腐朽，人行道也已破损，野草从裂缝中钻了出来"。市场街与圣路易斯的温文尔雅相去甚远，那是一个你可以在当铺橱窗里看到指节铜环的地方，"我少年时代的贫民区有……文身店、奇特商品店和当铺"。那里还有一家性病博物馆，曾经是一个广为流传的警示场所，里面有阴森可怕的蜡像，外面有人粗俗地招揽生意："博物馆展出了各种性病和自虐图片，小男生尤其要看。"——这些话后来成了巴勒斯作品的另一个题材。

巴勒斯上的第一所学校是个社区学校，他并不招人喜欢，特别不招家长和成年人的喜欢。有人说他看起来就像一只杀羊的狗，还有人说他像一具行走的尸体[①]。60 年后，在拥挤的读书会上，巴勒斯懒洋洋地对读者们念道："不是每具尸体都能行走的……"巴勒斯通过奥德里·卡森（Audrey Carson）这个角色重温童年，他写道："奥德里是个瘦削、苍白的男孩，由于遭受过严重的精神创伤，脸上显得伤痕累累。"

随着巴勒斯举家搬到近郊的拉杜城，莫蒂默·巴勒斯在南普莱斯路一片 5 英亩的土地上盖了一所房子，不久巴勒斯也于 1925 年进

[①] 他遭受的侮辱在以后的作品中有所反映，如《死路之处》（*The Place of Dead Roads*），伦敦，1984 年，第 17 页；《根除者！》（*Exterminator!*），纽约，1973 年，第 10 页。

入约翰·巴勒斯学校（校名源于一位著名的自然学家，与他家没有关联）。巴勒斯仍旧不太讨人喜欢，不过他在那儿收获了一位毕生挚友凯尔斯·埃尔文斯（Kells Elvins），后者英俊、活跃、广受欢迎。在后来的日子里，他们携手写作，在世界各地碰面，从墨西哥到丹麦再到丹吉尔。

那时，比尔爱慕凯尔斯。凯尔斯有时候会让比尔靠在他的膝盖上，像弹奏班卓琴一样地拨弄他，这勾起了比尔的性欲。凯尔斯是个坚定的异性恋者，跟女孩及女人相处得都很好，不过他有点厌恶女性，因此有时候会贬低女性，态度恶劣。"她们趴在我肩膀上哭诉，"巴勒斯记得，"我对她们说，'我很抱歉，不过如果你愿意忍受他，那是你的事。'"

年轻的巴勒斯喜欢枪和武器，他试过在家自制炸药。他8岁时，父亲曾带他去射猎鸭子。全家去法国度假时，他买了一把剑形的手杖和一把手杖形的枪。一位名叫安·拉斯的校友还记得，当年巴勒斯坐在教室后面，用尖尖的活动铅笔瞄准别的同学，像枪一样。有时候她会感到头皮疼痛，转过头去，发现比尔正瞄准她。

比尔的兄弟莫特生来就跟父亲关系很好，不过比尔不是，尽管父子双方都曾经努力过，但是父子关系一直不理想。"我父亲是个怪人。他经常在地下室忙活，制作海盗藏宝箱。他手艺很好。我有一把0.22口径的来复枪，有一次我想把它改装成手枪，他竟然帮我改好，还装上了手枪式握把。"比尔跟母亲的关系很好，母亲对他的喜爱简直令他感到难为情。

比尔体质不好，还有鼻窦炎；为了锻炼身体改善健康，父母决定送他去新墨西哥州的洛斯阿拉莫斯农场学校。学校位于平顶山上，能够俯瞰格兰德河，有户外设施，颇具童子军的气质，条件很好，当然价格也比较贵。校歌是这样唱的：

远方，在高高的平顶山上，

美好的生活，这是我们最喜爱的地方 ——

洛斯阿拉莫斯！

后来这个地方被选为美国原子弹试验基地，这是个莫大的讽刺，也对成年的巴勒斯有很大的影响。他痛恨原子弹，认为不该轰炸日本。

在洛斯阿拉莫斯期间，巴勒斯并不快乐：他不喜欢骑马，不喜欢那儿的寒冷和当地的价值观 —— 人们不鼓励阅读，认为阅读没出息。不过他喜欢垂钓、徒步旅行和射击，他在学校戏剧中扮演了一个佩枪的角色，是个"公子哥儿"。他还是个不错的飞刀手。无论是由于平静的绝望还是想要寻求刺激，在洛斯阿拉莫斯时，他过量服用水合氯醛，这在当时是比较有名的"镇静剂"。

结果很糟糕，不过那是巴勒斯初涉毒品。学校负责人 A.J. 康奈尔（A. J. Connell）因此写信给比尔的家长通报此事，并安慰他们："我想他今后不会再尝试此类事情了。"

A.J. 康奈尔是个很特别的人，因此，在他的领导下，洛斯阿拉莫斯农场学校也是个特别的地方，不过这是一所好学校，很多企业首脑都出自这所学校。A.J. 康奈尔做过童子军团长，当过佩枪的森林防护员，曾经在纽约做过蒂夫尼的装饰设计师或橱窗设计师之类的工作。毫无疑问，他的野外生存能力很强，不过，他的房间"遍布洋红色的锦缎……看起来就像妓院里妓女的客厅"。

A.J. 康奈尔喜欢这些孩子，洛斯阿拉莫斯农场学校几乎不压制同性恋。A.J. 康奈尔喜欢定期让这些孩子脱光衣服接受检查，有时候他会突击检查（没有门锁），看他们是否有手淫。他跟巴勒斯的父母打过交道，有一次，在比尔家，他单独与比尔在一起，突然要求比尔脱光

大约 1930 年，年轻的巴勒斯在洛斯阿拉莫斯农场学校

衣服,并问他:有没有手淫?有没有与别的孩子做过什么?

比尔在洛斯阿拉莫斯还有过一段不愉快的经历,有一个男孩拒绝了他,还将事情告诉了别人,使他成为笑柄,甚至更糟。巴勒斯在自己的日记中详细记录了自己的单恋。他很痛苦,他的母亲写信给 A.J. 康奈尔,说比尔写的日记"很忧郁很沮丧"。比尔还剩几个月就要从洛斯阿拉莫斯农场学校毕业了,因此 A.J. 康奈尔希望他不要离开,但是他的母亲找了个脚疾的借口把他带走了,他走得很匆忙,行李都没来得及拿走,包括那本日记。

巴勒斯回到圣路易斯以后更加痛苦,担心那些男孩子会大声朗读他的日记。最终他收到了行李,发现那本可恶的日记没被人动过。他重新打开这本日记,发现自己感情平庸,这令他骇然,幸亏没有被人看到。后来他的作品中总是有那么一点残忍挖苦的浪漫情感,他称这些为"装满古怪玉米的发射舱"。

对于比尔的离开,A.J. 康奈尔一定很失望;学校的期末报告称巴勒斯很聪明,但没有明确的目标,"忧郁而反常"。比尔告诉母亲自己很古怪,然后他就被送去看精神科医生。他遇到的第一个精神科医生是施瓦布(Schwab)。医生请他们放宽心,情况会好的。

在此期间,直到日记事件之前,巴勒斯一直在写作。除了洛斯阿莫斯学校内的阅读以外,他还读"一些彼时彼地美国男孩不太喜欢读的书:奥斯卡·王尔德、波德莱尔、阿纳托尔·法朗士,甚至纪德"。与此同时,他还不间断地阅读诸如《惊奇故事》(*Amazing Stories*)那样的低俗小说。所有这些让他领略了写作的奥秘:

> 我小的时候就想当作家,因为作家名利双收。他们在新加坡或仰光闲逛,穿着黄色的丝绸长衫,抽着鸦片;在高级酒店吸食可卡因;在一个本分的当地男孩的带领下穿过湿地禁区;住

在丹吉尔的住宅区，一边抽着印度大麻，一边无聊地抚摸着宠物羚羊。

巴勒斯 8 岁的时候开始尝试写作。受到欧内斯特·西顿·汤普森（Ernest Seton Thompson）作品《灰熊传记》（*Biography of a Grizzly Bear*）的影响，他写了《狼的自传》。人们对他说："你是指狼的传记吧？"巴勒斯回答说："不，"他用垂暮之年时在读书会上的语气慢吞吞地说，"我当时是指狼的自传，现在还是如此。"

巴勒斯的早期作品中常有多愁善感和自我牺牲，一只名叫奥德里的狼在失去伴侣杰里之后也死了。数年后，在冰川上面临死亡时，英国极地探险家切舍（Cheshire）勋爵把最后的酸橙汁给了队友雷吉（Reggie），并勇敢地撒了谎（"你喝了吗？"……"喝了。"切舍勋爵说）。在后来的故事《瘾君子的圣诞节》（*The Junky's Christmas*）和《他们都叫他牧师》（*The Priest, They Called Him*）中也出现了伤感的自我牺牲，主人公把最后的一点吗啡给了隔壁正在遭受病痛折磨的男孩，然后他死了，获得了"完美的犒赏"。

他还写过一篇"从未发表过的故事，名叫《卡尔·克兰伯里（Carl Cranbury）在埃及》……卡尔·克兰伯里僵硬着将手抽回到纸上，他的手与蓝色的自动钢枪只差 1 英寸的距离……我还写过西方人、黑帮故事和鬼屋"。绞刑是密苏里州的死刑，报纸上常见，巴勒斯的故事里也不少，特别是西部小说，"回头看到落日余晖下绳子上扭曲的三具尸体，他这个顽固的死硬派也忍不住一阵战栗"。

巴勒斯第一篇公开发表的作品是在校报上，即 1929 年 2 月的《约翰·巴勒斯评论》，当时他 14 岁。那篇文章的标题是《个人魅力》，详细描述了他自己的亲身经历——一则广告对他的影响。广告是这么说的："你感到害羞？腼腆？紧张？尴尬？如果是，给我两美元，我就告诉你如何用一个眼神制服别人……"巴勒斯说,他本人没有遇到这些问题,不过他还是想用眼神杀杀别人的威风,特别是拉丁语老师贝克(Baker)先生。他剪下优惠券,"开始觉得自己每分钟都变得更有魅力",但是遗憾的是,他收到的书是"一堆假正经的废话"。巴勒斯确实找到了制服别人的方法,但是他没有胆子去尝试。办法是这样的:

> 我必须直视对方的眼睛,用低沉、冷峻的声音说:"我在说话,你给我听着。"然后使劲地瞪着对方说:"你逃不掉的。"对方一定会完全屈服,然后我就可以说:"我比敌人强大。"撒旦,站我后边去吧!想想看,要是我能把这套用在贝克先生身上,该有多痛快啊!

我觉得这本书有道理,如果我照着做,就会成为每次聚会的焦点。说得委婉一点就是引起关注!

此时的巴勒斯笔法稚嫩,乐于讨好读者,"个人魅力"读来理智、有趣、不笨拙。不仅如此,这篇文章还有见识,不仅在于关注掌控感,还在于它触及了心理"柔道"之"小广告"世界和精神掌控之捷径。巴勒斯后来专注于科学论,不过他从未与亚标准、邮购风的思想渠道失去联络:他与朋友布里昂·基辛(Brion Gysin)合作撰写的著名的《第三种思维》(*The Third Mind*),其标题概念即来自拿破仑·希尔(Napoleon Hill)1937年的作品《思考致富》(*Think and Grow Rich*)。

巴勒斯13岁时遇到了对他写作影响最大的作品,那是一个名叫杰克·布莱克(Jack Black)的罪犯于1925年发表的自传《你赢不了》(*You Can't Win*),这本书的致辞部分就引起了读者的关注。

> ……献给无名氏，这位友人眼看着我走出旧金山监狱，来到这个肮脏不堪的、醉得东倒西歪的跛脚乞丐"呆头呆脑的"沙利文身边，他帮我从背上取出了那枚大号子弹——地点就在威斯康星州的巴拉布市一座桥下。

"中产阶级圣路易斯市的风俗习惯使我缩手缩脚，"巴勒斯写道，"突然，我瞥见了下层社会破烂的公寓、台球馆、妓院和鸦片馆，并为此着迷。"杰克·布莱克成了一名瘾君子（当时叫"鸦片烟鬼"），不过他后来成功戒毒。这本书直白，信息量丰富，具有回忆录的风格，是巴勒斯《瘾君子》的范本：

> 他是个十足的瘾君子，像个恶魔一样，时时都要吸上一口。如果心情很糟，他会吸上一口提个神；如果心情很好，他也会吸上一口，飘飘欲仙；要是他心情不好也不坏，他还是会吸上一口，"理顺自己"。

在杰克·布莱克的字里行间，巴勒斯看到了可敬的罪犯，如假装虔诚的基德和盐块玛丽，还有篱笆，那个人冷酷却又义气十足，炉子上总是为客人煮着一壶咖啡，还准备了一些猪肉和豆子。50年后，他还能记得这本书里面的场景和人物，并把它们写进了自己的作品（"我觉得自己十分怀旧，怀念已经消逝了的生活方式……"）。

重要的是，他遇到了"约翰逊之家"，这是一个社团，每个成员都可以被称为一位约翰逊。其成员主要是"一些不错的流浪汉和小偷……任何一位约翰逊都有债必偿，遵守诺言。他们不太管闲事，不过如果别人有求于他们，他们会帮忙"。至于那个从作者背上取出子弹的乞丐"呆头呆脑的"沙利文，巴勒斯简言之："沙利文是一位约翰逊"。随着时间的流逝，约翰逊日益成为巴勒斯眼中割裂世界的中心，"基本分裂线"即在约翰逊和狗屎之间：

> 回想过去的几年，我想到了约翰逊之家……那位墨西哥老药剂师按照处方配吗啡，被骗了 10 次之后，向我咆哮："我们不为鸦片烟鬼服务！"不错，我记得旧日的约翰逊们，我还记得另一种不同的劝导。一位聪明的年纪大的黑人同性恋者告诉我："亲爱的，有些人是狗屎。"
>
> 可能情况仍旧如此。

与疾病博物馆和西洋镜一样，杰克·布莱克和他笔下的约翰逊们在巴勒斯心里一直存在。

第二章
隐身的反派

"环境空白，反面人物隐身。"巴勒斯这样描述他的早年生活。他一直感到不适和被排斥，直到 1932 年进入哈佛大学攻读英语文学。他后来责备泰德·摩根将他描述成一个文学逃兵，声称自己从来没有任何抵制或背弃文学的法律依据。他总是觉得自己不是作为一个叛逆者而是作为一个局外人存在着。

在哈佛期间，他住在老式的亚当斯楼，没能参加任何俱乐部，经常跟几个古怪的家伙混在一起，形成一个小团体。其中一个是爱尔兰人，声称自己与皇室沾亲带故，一个是高傲的英国人，还有一个朋友，20 岁出头就得了严重的精神分裂症。

巴勒斯在哈佛接受了良好的教育。他修了当时十分著名的乔治·莱曼·基特里奇（George Lyman Kittredge）的莎士比亚课程，很多莎士比亚的篇章他都烂熟于心；他修过经典研究《仙那度之路》（*The Road to Xanadu*）的作者约翰·利文斯通·洛斯（John Livingston Lowes）的一门课——关于柯勒律治的想象；他还亲自聆听过 T.S. 艾略特讲课谈查尔斯·艾略特·诺顿（Charles Eliot Norton）。周末，巴勒斯有时候会与朋友去纽约哈莱姆的夜总会，也就是在这里，杰克·布莱克书中谈及的一个"聪明的黑人老同性恋者"（一个经营俱乐部的人，名叫克林顿·摩尔）引领他看到了一个公开的秘密，即有些人就是"狗屎"。

巴勒斯曾经读过赫克多·休·门罗（H. H. Munro）即萨基（Saki）写的短篇小说。萨基发表于1912年的短篇小说集里有一篇《克洛维斯记事》（*The Chronicles of Clovis*）似乎给他留下了深刻的印象。故事讲的是一只名叫塞瑞德尼·瓦士塔尔的臭鼬和一个名叫康拉丁的病恹恹的小男孩，康拉丁跟监护人德·洛普太太住在一起，萨基称监护人为"那个女人"。因为她，康拉丁懂得了什么是"体面"，并对这种体面心生厌恶，而塞瑞德尼·瓦士塔尔却是他的"神"和"偶像"。当德·洛普太太决定除掉小男孩心爱的宠物时，康拉丁向塞瑞德尼·瓦士塔尔求助，而塞瑞德尼·瓦士塔尔把她杀了。当时，在哈佛，巴勒斯在房间里养了一只臭鼬，名字就叫塞瑞德尼·瓦士塔尔。

　　他还违反规定在房间里藏了一把枪，差点发生意外。当时他用这把枪向一个朋友开火，以为枪膛是空的，不过子弹击中了墙。因为臭鼬和枪支，巴勒斯不可能不引人注意，当时的舍监詹姆斯·菲尼·巴克斯特（James Phinney Baxter）很不喜欢他。

　　巴勒斯有一次无意中说他以为婴儿是从肚脐眼降临人世的，他的朋友们十分震惊；这种说法也许在孩子们那儿无伤大雅，但作为一名哈佛本科生，这有点非比寻常。在圣路易斯度假期间（他当时找了一份工作，在圣路易斯《每日邮报》担任新闻记者，"登门"采访那些刚刚失去孩子的家长，向他们索要罹难孩子的照片，他很讨厌这份工作），他开始定期去妓院，每次都找同一个女孩。回到哈佛以后，他与镇上的一位年轻男子发生性关系并感染了性病。

　　1936年，巴勒斯离开哈佛的时候，他拿到了英语学士学位，感染了梅毒，还收到了父母的毕业礼物：每月200美元。这并非巴勒斯家的"信任基金"——杰克·凯鲁亚克（Jack Kerouac）这么说过——不过这笔钱相当于今天的每月3 000美元，这确实很重要。毕业后，巴勒斯被父母送去欧洲,在那儿他和一位朋友见识了巴黎、维也纳、布达佩斯和杜布罗夫尼克。在布达佩斯,他们遇到了彦池·沃尔夫纳男爵(Baron Yanchi Wolfner)——克里斯托弗·伊舍伍德(Christopher Isherwood)写的《诺里斯先生换火车》(*Mr. Norris Changes Trains*)中人物冯·普雷尼茨(Von Pregnitz)的原型。

在这个奇怪的场景中,他是一个关键成员,戴着单片眼镜,巴勒斯记得自己"有着某种英国公学的味道"①。在杜布罗夫尼克,他们碰到了一个名叫伊尔泽·克莱珀尔(Ilse Klapper)的犹太女人,长得极具魏玛共和国的特点,她也戴单片眼镜,个性幽默,巴勒斯很喜欢她。

巴勒斯决定留在欧洲,到维也纳学习医学。他后来与伊舍伍德和田纳西·威廉一起回忆浪漫的巴登省、古罗马浴场以及普拉特游乐园的摩天轮(比如在作品《第三个人》(*The Third Man*)中),不过他在维也纳的时光并不十分愉快。梅毒折磨着他,同时他还发现自己不喜欢医学,需要记忆的东西太多。

更有甚者,1937年春天,他得了阑尾炎,紧急手术后,他回到了杜布罗夫尼克,并再次见到伊尔泽·克莱珀尔。当时她想离开欧洲躲避纳粹,因此巴勒斯与她结了婚。她比巴勒斯年长15岁,引起了些许怀疑,不过最后还是成功了。他们从未在一起生活过,不过后来两人曾以朋友的身份在纽约会面,战后,她又回到了欧洲。

从维也纳回到圣路易斯之后,他的医学生涯还未开始即告终结。巴勒斯整天无所事事,没有目标。于是他去哥伦比亚大学读研究生,专业是心理学,不过他很快觉得这个专业颇为枯燥,学习内容以统计学为主。接着他发现老朋友凯尔斯·埃尔文斯去哈佛大学攻读心理学

① "1975年巴勒斯与克里斯托弗·伊舍伍德(Christopher isherwood)的谈话",收录在《巴勒斯纪实:1960—1979年间的威廉·S. 巴勒斯访谈节选》(*Burroughs Live: The Collected Interviews of William S. Burroughs, 1960—1997*),纽约,2001年,西尔维尔·洛特林杰(Sylvere Lotringer)编著,第369页。

硕士，于是 1938 年巴勒斯也步他后尘，去了哈佛大学。

埃尔文斯当时已经结婚，不过处于分居状态，他和巴勒斯合住一个寓所，请了一个黑人仆人帮他们做饭和打扫卫生。巴勒斯开始研究玛雅考古，对玛雅人的研究成了他毕生的兴趣所在；巴勒斯小说中的异国情调往往与亚洲无关，通常是前哥伦布时期的风格，包括活人献祭和神秘而猥琐的奇穆陶器。巴勒斯尤其醉心于玛雅牧师主宰人民的方式（"在玛雅文化中，牧师仅占人口的 1%。他们没有警察，没有军队，因此他们必定有某种行之有效的精神控制方法"）。本质上，玛雅历法似乎控制了生活的方方面面。

重返哈佛大学期间，巴勒斯读到了约瑟夫·蒙科立·马克（Joseph Moncure March）创作的无情的史诗《狂野派对》（*The Wild Party*），讲的是一场可怕的狂欢派对，带有某种低俗夸张的成分。这部作品写于 1928 年，此前发生了著名的胖子阿克克尔（Fatty Arbuckle）案件，这部作品有点好莱坞巴比伦风格的腐败气氛；大致是说一个坏女人引诱了一个正派男人，导致后者开枪杀死了她那位粗野的男友，最后警方突然出现。

这在当时是极具争议的，作品在波士顿被禁。《泰晤士报文学副刊》称其"特别巧妙"，但是在其勾勒的"生活画卷中，人类的良好品质既不能缓解也不能衡量性的堕落，毫无艺术价值"。四五十年后，艺术家阿特·斯皮格曼（Art Spiegelman）跟巴勒斯提及此事。令他惊讶的是，巴勒斯兴致勃勃地沉迷于记忆；因为努力回忆，巴勒斯眼神空洞，突然用鼻音背出下列句子：

> 奎妮是个金发女郎，她总是那么年轻，
> 每天在歌舞节目中跳两次舞……

弗雷德里克·卡瑟伍德（Frederick Catherwood）画的玛雅祭坛，过去有人认为这是玛雅死神阿普

他背诵那些冗长的句子，一直到可怕的结局：

> 旋转门打开了，
> 警察冲了进来。

"那本书让我有了想当作家的念头。"他说。

巴勒斯与凯尔斯·埃尔文斯合作写过一个作品，题为《暮光的最后闪烁》，恶心的小品文，写的是类似于"泰坦尼克号"的"SS美国号"轮船沉没时，船长男扮女装奔向救生艇。《暮光的最后闪烁》是一场纯美国式的灾难，是美国资产阶级的报应：乘客包括投资银行家菲利普·布拉德辛克尔（Philip Bradshinkel）和圣路易斯的政客布兰奇·莫顿（Branch Morton）。当轮船沉没时，"黑人交响乐团"吸食了"大量大麻"的两位成员眼睛里闪烁着光，对他们的太太说："能请您跳支舞吗？"

无线电话务员一边敲打出"SOS"的求救信号，一边抱怨"该死的船长是个棕色的艺术家"（即同性恋）。船长穿着和服、戴着假发走过来，用左轮手枪打爆了他的脑袋。与此同时，一个因梅毒引发轻度瘫痪而使用轮椅的人（埃尔文斯的父亲也罹患此病）则仗着自己的轻度偏瘫辱骂众人，随后开始用屠夫的刀砍向那些向救生艇伸过来的手和扒着救生艇的手指。具有讽刺意味的是，与此画面交织的是，此时自动唱机正播放着"美国国歌"。最终有位女士幸存下来，她断了一根手指。她说："我不知道。对于这根断指，我感觉很糟。"

巴勒斯和埃尔文斯视之为疯狂的戏剧疗法，他们在船上表演了这些角色，并编出了对话，巴勒斯"笑成一团。我记得18岁时我第一次吸食印度大麻，自己笑翻在地上，并弄得浑身是尿。自那以后我还从未像这样笑过"。

巴勒斯和埃尔文斯把它寄给《时尚先生》杂志，结果被拒："太疯狂，不适合我们。"巴勒斯很沮丧，不过自那以后洛斯阿拉莫斯日记事件给他带来的诅咒似乎被解除了。多年后，他这样写道："由于此次合作，我发现日记事件带来的魔咒暂时被解除了。"

由于埃尔文斯在得克萨斯州亨茨维尔市谋到一份监狱心理师的工作，哈佛寓所的合租也告一段落。巴勒斯去探望他之后，搬去了纽约。同时，他还读了一本令他印象深刻的书，即阿尔弗雷德·科日布斯基（Alfred Korzybski）的《科学和理智》（*Science and Sanity*）（1933年），这本书批评了有关语言及其与现实相关性的常见错误假设：科日布斯基说，地图不是领土。阿尔弗雷德·科日布斯基伯爵曾经是沙俄情报官，1917年俄国革命后才定居美国。巴勒斯对他的观点很感兴趣，1939年8月，他去芝加哥听了他的一系列讲座。

> 科日布斯基指着一把椅子说："无论它是什么，它不是'椅子'。"也就是说，它不是那个言语标签"椅子"。将词与物体或过程相对应的表示身份的词"is"（是）就是困惑的源头，从思维混乱和纯粹的言语争论，进而发展到彻底疯狂。科日布斯基的一个追随者曾经提出删除英语动词"to be"（将要）。

科日布斯基称，汉语和古埃及语等语言很少使用这种表示身份的词"is"，这是西方语言最糟糕的地方之一。某物"是"某物，暗示了某种永恒的状态被让与了。

科日布斯基的立场是一种唯名论，拒绝名词的具体化效果：像"法西斯主义者""共产主义者""人文主义者"和"道德主义者"这些词是无意义的。巴勒斯则试图避免这些。当金斯伯格问他"艺术（art）"是什么的时候，他回答说，是"三个字母的单词"。看起来科日布斯基希望解构的西方思维中的另一大陷阱是亚里士多德式逻辑上的"非此即彼",如,某物必定要么是一个事物,要么是另一个事物。滚石音乐在宣传正统的还是反正统的信息?"嗯,它们可能同时宣传两种信息,或者各种各样的信息。这确实不是一个非此即彼的命题。"

科日布斯基对巴勒斯的思想有终生影响,上述阐述均出自 20 世纪 70 年代和 80 年代他本人的阐述。科日布斯基是一名持不同政见的思想家,与对哲学家的影响相比,他对科幻作家的影响可能更大 ——包括弗兰克·赫伯特(Frank Herbert)、罗伯特·海因莱因(Robert Heinlein)、L. 罗恩·哈伯德(L. Ron Hubbard)和 A.E.范·沃格特(A. E. Van Vogt)。

回到纽约,1940 年,巴勒斯单恋一位名叫杰克·安德森(Jack Anderson)的年轻人,并在一个廉价旅馆里成功把他弄上床。结果旅馆警卫突然出现,把他们赶了出去。在很多口述版本中,安德森被说成是一个男妓,生活空虚,他俩的关系也不是太愉快。无论什么时候,只要巴勒斯想谈思想问题或严肃的问题,安德森就会打击他,嘲笑他,说:"这是科日布斯基说的吧?"

大约这个时候,巴勒斯开始在纽约弗洛伊德派学者赫伯特·威格斯(Herbert Wiggers)医生那里首次进行彻底的精神分析治疗。后来,当他回顾这段精神分析时,说这完全是在浪费时间和金钱,超我等等纯粹是虚构的或"神秘的"概念。但是他在《瘾君子》里这样写道,精神分析"消除了压抑和焦虑,因此我才能过上我想要的生活"。在后期他最慷慨的评论中,他这样写道:"嗯,有些事情发生了,有些小的钥匙被拨转……也许我因此才得以继续做我已经做过的那些事"

巴勒斯可能在分析中谈到过,他的主要问题之一是,他讨厌娇气,但同时,又觉得自身潜藏着娇气。他是有点"怪",但绝不是"同性恋者"，这影响着他的思维模式，同时也伴随另一个内在：内心的同性恋是内在的敌人（他最终会扩大其影响，直至包括作为病毒的语言）。这至少是他去中心的、分裂的、通灵的自我感知的一个源头，也对其幽默感起了很大影响。对于外部世界的同性恋而言，他们似乎被外力占据：

> 他们到处晃荡，就像看不见的线上拴着的木偶……活着的人早就抽离躯壳。但是当原来的租客搬走后，某样东西就进来了。同性恋者就是腹语者的傀儡，它们搬了进来，取代了腹语者。

与杰克·安德森的不愉快和对他的忌妒使巴勒斯变得心烦意乱。可能是为了给人留下深刻印象（就像"威廉·李"（William Lee）在《瘾君子》中随口说的那样，要用"凡·高式的兴奋……让自己感兴趣的人留下深刻的印象"，有些人可能会呼救，但是巴勒斯却买了几把家禽用刀，把小指的最后一截砍了下来。他在一篇题为《那根手指》的短篇故事里提到这件事："他看了看镜子，将脸塞进一个18世纪花花公子般傲慢的面具。"

> 片刻之后，身体不再疼痛，手指掉下来了，他感到某种强烈的后悔。
> 那截手指躺在梳妆台上，白骨四周还有几滴血。他突然感到深深的难过，眼中涌出了泪水。
> "它什么也没做。"他像个伤心的孩子一样说道。

巴勒斯写《那根手指》的时候，他改变了性别："我爱她，她很笨，我几乎没能给她留下什么印象。一夜又一夜，我躺在那儿听她在隔壁房间与某个男人调情。我简直伤心透了……所以我忽然想到这个手指关节的把戏。我要让她看看：这是一个小小的纪念品，它证明我永远爱你。建议你把它做成一个坠子，填满防腐剂，挂在脖子上。"

几年后，在巴勒斯的一篇极为夸张的故事里，他拼命想要引起一个年轻人的注意，提出把自己的脚砍下来，然后用干缩人头技术让其缩小，做成一只怀表。那个男孩只说了句："那么丑的脚，我要来有什么用？"

此时，巴勒斯不是要把这截手指给杰克·安德森，而是要给精神分析师威格斯医生，后者认为他有精神病症状，需要住院。威格斯把他送到纽约的贝勒维医院，巴勒斯本以为是送他去进行物理急救，结果威格斯只是送他去接受检查，并把他留在了精神病科，"我的分析师，那个恶心的杂种，把我骗去了精神病院"。

巴勒斯联系了父母，他的父亲来到纽约，将他转到一家私人精神病院——佩恩-惠特尼医院。在那儿他接受了催眠分析和麻醉分析，这种治疗方法是靠巴比妥类药物或硫喷妥钠等"诱供药物"，使病人放松防备，解除压抑（这个方法也被用于警方审讯，不过在很大程度上不足以采信）。在佩恩-惠特尼医院，巴勒斯进入了几近不由自主地喋喋不休的日常生活，众多内在性格和次要人格开始显现："在催眠分析和麻醉分析期间，他提到了很多他称为'日常'的情节，比如当一个中国农民，生活在扬子江畔，或者去得克萨斯州做农民，或者做一名匈牙利的公爵遗孀。"

离开佩恩-惠特尼医院之后，巴勒斯回到了父母位于圣路易斯的家，在母亲店里当送货员。这是他的低潮期。在此期间，有一天晚上，他用父亲的车教杰克·安德森开车，在联合车站附近发生了车祸。此时的局势表明美国很可能要参战，于是巴勒斯打算参军，部分原因无疑是想逃离圣路易斯。

由于身体单薄和近视，海军体检时巴勒斯落选了。随后他去了美国战地服务团，这是第一次世界大战期间一名哈佛教授成立的志愿性质的救护车驾车服务团。早期成员包括哈里·克罗斯比（Harry Crosby）和马尔科姆·考利（Malcolm Cowley）等亲法的美国作家。美国战地服务团比较排外，希望其成员能够在海外为美国增光，而巴勒斯在面谈中似乎并没有给他们留下特别好的印象。

为了使作战部队深入敌后，往往会用到降落伞和滑翔机，因此巴勒斯希望成为一名滑翔机飞行员。他悄悄拿到了飞行执照，驾驶小型飞机的飞行记录达到 100 个小时，但还是由于视力问题被滑翔机公司拒绝。这项工作异常危险，驾驶员平均寿命短；事后看来，对于 20 世纪文坛来说，这次落选是件幸事。

与此同时，传奇上校"狂野比尔"［比尔·多诺万（Bill Donovan）］正计划设立一个美国现代安全局，他很快就成立了战略安全办公室，也就是中央情报局的前身。巴勒斯觉得自己有能力干这个（"我本该做间谍工作的"），他请舅舅怀德曼·李为他写了封介绍信。两位比尔面对面坐在桌子两端——这是美国历史上的诡异一刻——似乎谈得不错，可惜狂野比尔接着介绍他认识自己的同事詹姆斯·菲尼·巴克斯特，也就是巴勒斯在哈佛的舍监，当时他在房间里藏着一只臭鼬和手枪的事情显然瞒不过他。

巴勒斯想从事志愿工作，却一再遭到拒绝，他只好回到了圣路易斯。最后，他在纽约找了份工作，他父亲联系了一个开广告公司的朋友，把他招了进去。他在那里做一名初级文案，处理一些乏味的工作，如，"阶式"结肠灌洗，先是这样写："表现出色，您忠诚可靠的仆人"，接着他改成："大家都喜欢'阶式'的体验……您的感觉，有如重生。"

此时巴勒斯与杰克·安德森合租一套公寓，状况相对稳定，不过有一次，由于安德森女友吃醋，他跟安德森发生了争执。接着日本人轰炸了珍珠港，局势发生了变化。巴勒斯在距离圣路易斯不远的杰斐逊兵营入伍。

当一名普通步兵绝非巴勒斯及其父母所愿，于是母亲设法让人注意到巴勒斯的精神病记录。接着巴勒斯就处于过渡状态，等着离开部队。他的父母则会在晚上开车来到兵营给他送东西吃。正是在这段时间，在兵营里，巴勒斯读到了普鲁斯特的完整作品《追忆似水年华》。

巴勒斯后来觉得，作为一个作家，特别是在创造令人难忘的、非同凡响的角色时，比如夏吕斯（Charlus）、本威（Benway）、斯万（Swann）和金姆·卡森（Kim Carsons）等角色时，自己更接近于作家普鲁斯特（Proust）——甚于贝克特（Beckett）。普鲁斯特对爱情的洞见一般是单向的，是一种"欲望代数"，原因是我们心仪的对象往往有我们所不具备的东西或有我们被排斥的东西；普鲁斯特的喜剧讲的都是欧洲上流社会，是"势利的诗性"。尤其是普鲁斯特式的中心奇迹，由联想引发的突然而生动的主观时空之旅：感受铺路石的参差不齐，就着茶品味马德琳蛋糕。"与普鲁斯特一样，我也很关注时间和记忆、跟踪记忆的关联线和交叉点。""在普鲁士的作品里，时间就是一切。记忆沿着连接线上各记忆点的开启而发展，这全然是巴甫洛夫式的。"猛拉手柄，在既定的坐标获得的结果是一样的。

还在杰斐逊兵营的时候，巴勒斯遇到了来自芝加哥的爱尔兰人雷·马斯特森（Ray Masterson），得知风城芝加哥有很多工作机会。于是1942年9月，巴勒斯一出军营就去了芝加哥，一头扎进一家短命的工厂干起了蓝领工作，接着又干了其他一些没有前途的底层工作，比如私家侦探。他曾经在梅利特公司短期工作过，这家公司的主要业务是抓获盗窃公司钱财的员工。他干过的最著名的工作是杀虫员，他后来把这段经历写入了同名作品中。

出色的文字和严肃的文风符合巴勒斯后来的形象，就像他创作的人物一样，"40多岁，戴着一顶呢帽，穿着一件防水外套"，巴里·迈尔斯（Barry Miles）这样写道，"颇有侦探小说家雷蒙德·钱德勒（Raymond Chandler）的风格。"巴勒斯还在 A. J. 科恩公司工作过，给人留下的印象是一贯精准；比如，"河边死胡同里面的底楼办公室"①。他开着自己的黑色 V-8 福特车跑来跑去，带着臭虫喷雾、除虫粉、波纹管和氟化物，很熟悉这份工作；跟客户聊天、处理蟑螂；如果需要，还会就卫生局的规定打个擦边球，稍加通融，收点回扣或者喝杯茶。

> 我喜欢在地下室的餐厅工作，长长的灰色的地下室，一眼看不到尽头，我一边查看墙上蔓延的氟化物，一边看到白色的灰尘四处飘浮。

> 我们的工作地点位于老式剧院式酒店里的一个房间，里面有一本玫瑰墙纸的相册……"对，左边那个人就是我"。

巴勒斯把自己刻画成一个挨家挨户敲门沿街叫卖的小贩，就像英国那些收破烂的人或是背着玻璃片在巴黎的街巷扯着嗓门喊"钻石"的工人一样。

> 4月的一天，阳光明媚，有风，我远远地看见一个邻居，一脸满不在乎的神态，冷眼看着杀虫剂，一边爬上外面的灰色木质楼梯。

> "女士，您需要杀虫剂吗？"

---

① 《根除者！》，纽约，1973年，第3页。随后的引文，第8页。巴勒斯在大街上喊叫的刻画很可能是一种艺术创作。

记录显示,这份工作他干了八九个月,终于与科恩公司的兄弟们握手道别。

远处的叫声顺着鹅卵石街道上灰色的地下室传过来,透过外面的楼梯传向风中的蓝天。"杀虫剂!"

第三章
纽约，纽约

在芝加哥，巴勒斯有两位来自圣路易斯的朋友，卢西安·卡尔（Lucien Carr）和大卫·卡默勒尔（David Kammerer）。他们是一对奇怪的组合：卡尔当时 17 岁，很大程度上是异性恋，长得特别好看；而卡默勒尔当时 31 岁，大约比巴勒斯大 3 岁，他是一名同性恋者，迷恋卡尔。据说当卡默勒尔还是卡尔的童子军团长时，他们就认识了，如果不是童子军，那也可能是卡默勒尔负责的其他某种青年团体。卡尔精通文学，自命不凡，离经叛道，喜欢读法国诗人兰波的作品，爱喝法国绿茴香酒，据说味道极像苦艾酒。还在芝加哥的时候，他曾经试图用瓦斯自杀，不过后来他告诉精神病医生说，那是艺术。

1943 年，卡尔去纽约的哥伦比亚大学就读，卡默勒尔和巴勒斯则跟着他去了。通过卡尔，所谓的"垮掉的一代"的核心人物——杰克·凯鲁亚克、艾伦·金斯伯格和巴勒斯走到了一起。金斯伯格也在哥伦比亚大学读书，是一个喜爱文学、虔诚且精神有点失常的年轻人，当时正为自己的性取向和精神分裂的母亲所烦恼。他也迷上了卡尔的思想和天使般的长相，并在日记里记下他特有的语言，列数他喜爱的东西，包括马勒（Mahler）、法国绿茴香酒、"莫顿街 48 号的巴勒斯"和刀具。

巴勒斯当时住在贝德福德街 69 号，卡尔莫顿街 48 号是卡尔与他见面的地址，也是卡默勒尔的住处。一天，卡尔带着金斯伯格，而后者对巴勒斯印象深刻，因为他非常熟悉莎士比亚，莎翁作品信手拈来，有不寻常的知识储备，对事物有特别的看法。与此同时，曾经是中学足球明星、前商船船员的杰克·凯鲁亚克也在哥伦比亚大学求学。当巴勒斯谈到想要加入商船时，卡尔介绍他认识了凯鲁亚克。

凯鲁亚克的结婚对象伊迪·帕克（Edie Parker）与哥伦比亚大学新闻系的学生琼·沃尔莫（Joan Vollmer）合租一套公寓。大约从1943年圣诞节至1944年间，这群人——卡尔、金斯伯格、凯鲁亚克和巴勒斯（不包括卡默勒尔）以及三位女性伊迪、琼和赛琳·杨（Celine Young）组成了金斯伯格所说的"自由主义朋友圈"（"这个瘦高的犹太孩子戴着眼镜，有一对醒目的大耳朵……黑色的眼睛跳跃着火焰，嗓音深沉成熟"）。凯鲁亚克见到金斯伯格后，就对他产生了某种情愫，简直希望"全世界的人都在一个巨大的浴缸中洗澡，那样他就有机会在浑水中触碰别人的腿"。

巴勒斯那时30岁左右，比其他人大约年长10岁，是这个团体中最有智慧的。他会用筷子吃饭，能引用亚历山大·蒲柏的诗篇，还会借给他们诸如让·谷克多（Jean Cocteau）的《鸦片》（*Opium*）和斯宾格勒（Spengler）的《西方的没落》（*Decline of the West*）这一类的书。他会一边将斯宾格勒的两卷书递给凯鲁亚克，一边说："孩子，用事实的真相启发思想。"谈到科日布斯基的持久影响，他会对金斯伯格说："年轻人，注意语义学。"或者说："艾伦，人是一个形容词，但它仍被用作名词，这本身就是可悲的。"

卡尔和卡默勒尔沉溺于疯狂的行为。有一次，在莫顿街的公寓里，卡尔咬碎了自己的玻璃杯，并开始咀嚼碎片。卡默勒尔不甘示弱，也咬碎自己的杯子。巴勒斯则像个完美的主人，走进厨房，没多久就捧着一盘剃须刀片和灯泡进来，声称母亲给他带了些美味。

一天晚上，卡默勒尔爬上卡尔在哥伦比亚大学宿舍的消防梯，从窗户翻进宿舍，站在那儿看卡尔睡觉。卡默勒尔的过度关注使卡尔感到不胜其烦，于是为了逃离卡默勒尔，他打算与凯鲁亚克一起加入商船，不过他们错过了轮船。

1944年8月14日早晨，巴勒斯听到有人敲门，他穿着睡衣打开门，发现卡尔焦虑地站在门口。"我刚刚杀死了那个老家伙。"卡尔说着，从沾着血的烟盒里拿出最后一根香烟递给巴勒斯。那天凌晨三四点钟，卡默勒尔和卡尔在哈得孙河边喝酒，突然卡默勒尔发了疯，用手乱摸卡尔，还威胁说要加害卡尔的女友。随后两人发生了打斗，卡尔用童子军刀刺向卡默勒尔的心脏，然后把尸体扔进了河里。

现在卡尔面临死刑，不过巴勒斯觉得自己如果处理得高明，可以助他免于死刑（他在屋内来回踱步，像著名演员克劳德·雷恩斯在电影中的角色那样冷静）。他建议卡尔自首，并辩称正当防卫。巴勒斯处理了洗手间里沾血的香烟盒碎片，卡尔接着去见了凯鲁亚克。他们将那把刀子扔进下水道，接着去了现代艺术博物馆，然后又一起去电影院看了一部阿尔弗雷德·爱德华·伍德利·梅森于1939年创作的电影《四片羽毛》(*The Four Feathers*)，其中英国士兵和叛乱分子在埃及相互屠杀。

卡尔及时自首，凯鲁亚克和巴勒斯则因没有向警方报告杀人案被逮捕。巴勒斯的父亲赶来交了2500美元的保释金。与卡尔案（"学生沉默弑友"）一起见报的还有欧洲战争，当时巴顿将军的"第三集团军"正从诺曼底向南推进。记者们注意到的是卡尔很好学、面无表情，是位"爱读诗的凶手"。在法庭上，卡尔手里还捧着一本书，即叶芝的《幻象》(*A Vision*)，实际上那并不是诗集，而是一些通灵的文字，是向巴勒斯借的。

正如巴勒斯所预料的，此案的关键在于卡尔是不是同性恋者。要么这是两位同性恋者之间的肮脏争斗，果真如此，卡尔将深陷困境；

要么这是一位正直的年轻人，因为被侵害而实施了正当防卫。巴勒斯和凯鲁亚克不厌其烦地问及卡尔的性取向。至于卡默勒尔，刑事调查局有人询问巴勒斯是否知道他是一名同性恋者。巴勒斯回答说："我知道。我还多次规劝他，但是一切都是徒劳。"

卡尔轻松逃脱死刑，入狱两年。凯鲁亚克和巴勒斯因为这起案件合作创作了一部小说，起初书名为《但愿我是你》，似乎在听到一段报道马戏团火灾的广播新闻之后，他们就将这部小说改名为《河马被煮死在水槽里》（*The Hippos Were Boiled In Their Tanks*）。巴勒斯还将这种超现实主义的新闻与一个名叫杰里·纽曼（Jerry Newman）的朋友所进行的实验相联系，后者在这个实验中制作了一盘拼接录像，题为"醉醺醺的新闻播报员"。

巴勒斯和凯鲁亚克以"苏厄德·刘易斯"（Seward Lewis）（他们的中间名）的笔名写作，文内各章节借"威尔·丹尼森"（Will Dennison）和"迈克·瑞科"（Mike Ryko）之口轮流叙述：巴勒斯写丹尼森叙述的部分，凯鲁亚克写瑞科叙述的部分。第一章由丹尼森叙述，介绍了两个人，一个是 17 岁的菲利普·图里安（Phillip Tourian）（是"文学青年都会为他写十四行诗的那种男孩"），另一个则是"像胆怯的秃鹰一样在他周围盘旋"的拉姆塞·艾伦（Ramsay Allen）。艾伦是我认识的最出色的人之一，你简直找不到比他更好的伙伴，而菲利普也很好。但是，巴勒斯写道，只要这两个人凑在一起，干出的事情就会令人神经紧张：他们会对着窗户小便、吃玻璃、与那些不思进取成天玩乐的大学生们一起鬼混。

这本书未能发表，挫败了巴勒斯的写作信心。凯鲁亚克的作品发表并成名了，而巴勒斯还是名不见经传，不过凯鲁亚克一直劝巴勒斯不要放弃自己的写作道路："比尔，你不能抛弃莎士比亚。"

与此同时，巴勒斯对精神分析的兴趣有增无减。在芝加哥，他接受了库尔特·艾斯勒(Kurt Eissler)的精神分析;在纽约,他接受了弗洛伊德在维也纳的前同事、著名的保罗·费登医生(Dr Paul Federn)的精神分析。根据费登的描述,巴勒斯是一个"小流氓",想当罪犯,而巴勒斯则记得他是一个"不错的老绅士",认为他很有同情心;不过当巴勒斯试图谈及生活中的心灵感应和巫术的时候,他俩往往意见相左:费登认为女巫是癔病患者,被害人则是妄想狂。

巴勒斯考虑接受专业训练,希望当一名精神分析师。他还给凯鲁亚克和金斯伯格做业余的或"狂野的"精神分析,让他们自由想象。但是金斯伯格觉得很痛苦,于是给威廉·赖希(Wilhelm Reich)写信,请赖希推荐一名精神分析师,帮他解决身为同性恋者的"精神烦恼",称巴勒斯的业余分析使他"突破了很多防卫,但是核心未变,只是失去的盔甲无可取代"。

巴勒斯在心理分析方面遇到的较大的一个观点是认同和内射,他人——例如父母——成为精神的殖民者或寄居者,并从内部对精神加以控制。弗洛伊德的超我据说是由内射的父母或父母的价值观构建的,颇像20世纪60年代思想警察或沉睡于内心的警察等观点。在普鲁斯特的作品中,女同性恋者凡特伊小姐因父亲已死的事实感到狂喜,但她使用的词句和她的怪癖等还是受到父亲的影响,她无法轻易摆脱父亲的影子。20世纪中期,有关同性恋的一个普遍解释是,人认同——或内射或内化了自己的母亲(或祖母、姐姐或其他什么人)。当时,巴勒斯则讽刺性地将这些侵犯别人的恶人分类,比如"熔解者""发送者"和"分割者""发送者"对受害者的影响过度,他们取代其身份,通过印记的方式在别人身上复制自己。同性恋者受到了女性发送者的重塑,他们的存在提醒我们如果不制止发送者,他们能做出什么,会做出什么。

这就像是《软机器》(The Soft Machine)里的那种"犯规或反

常行为，其中有个男孩被母亲控制了身体并渗入（原文如此）——可怕的旧物"，或就像几十年后巴勒斯在《西部土地》（*The Western Lands*）中提醒读者，"记住，埃及文字中懦夫是指身为男性的女人，也就是拥有男性身体的女性（灵魂或精神）"。

性欲可能对巴勒斯去中心的、精神分裂的自我起点至关重要。他提出的认可和拥有的观点及其影响进一步发展，伴随这种发展的还有他作为作家的重要性。例如，精神分析本身是可疑的，因为分析师会让病人铭记他们。关于金斯伯格的"正常程序"，他写信给凯鲁亚克，说其治疗师"用自己乏味的形象重建了他"。

巴勒斯发现，他的自我边界尚未确定。1939 年，他觉得自己对埃及象形文字感兴趣，于是来到了芝加哥大学的埃及学系，但是他听到内心有个声音在尖叫："你不属于这里！"

> 这是我第一次清楚地感觉到身体里的某些东西不属于我或者不是我能控制的。我记得这个时期我做过一个梦……在梦里，我飘向天花板，感觉到彻底的死亡和无边的绝望，低头见到自己的身体揣着必死的目的走出房门。

费登把巴勒斯介绍给了刘易斯·伍伯格（Lewis Wolberg）医生，直到 1946 年年末，巴勒斯一直在他那儿做精神分析。伍伯格的专业是催眠分析，1945 年他发表过一本颇有影响力的同名著作。催眠分析将精神分析与催眠相结合，一时仿佛成了美国心理疗法的先锋。另一本相关作品是罗伯特·林德纳（Robert Lindner）于 1944 年发表的《无因反叛：犯罪精神病态者的催眠分析》（*Rebel Without a Cause: The Hypnoanalysis of a Criminal Psychopath*），它也是詹姆斯·迪恩（James Dean）出演的同名电影的灵感来源。

　　就像他在佩恩–惠特尼医院度过的那段时间一样，催眠分析似乎透露了巴勒斯内心不同层次的多个次要角色，包括偏执的南方警长和"那个总是尖叫和傻笑的英国女家庭教师"。同样，巴勒斯、金斯伯格、凯鲁亚克和另一个名叫哈尔·蔡斯（Hal Chase）的朋友一起演出滑稽节目（就像当年巴勒斯与埃尔文斯在哈佛的时候一样）。金斯伯格会扮成一个文雅又狡猾的中欧人，想把伪造的传家宝卖给蔡斯和凯鲁亚克扮演的一对天真的美国夫妇。金斯伯格的同伙是巴勒斯费力扮演的一个女人——"一个伊迪丝·西特韦尔（Edith Sitwell）式的人物，好像是个女同性恋者"。20世纪60年代早期，她的一个亲戚出现了，于是巴勒斯把她写成了萨顿–史密斯（Sutton-Smith）夫人。正如巴里·迈尔斯指出的，在巴勒斯成长为一个作家的过程中，这些滑稽戏十分重要，将一些出色的情境推向超现实的极限。他们还加入了通灵扮演的成分，发出内心的"声音"。从这个意义上说，他们距离看到巴勒斯在平常的演讲中有如下表现已经不远了："天哪，"他会突然说，"我说起话来像个年迈又讨厌的女王！"

　　这些表演发生在115街上那个大公寓里，这所公寓最初是琼·沃尔莫、伊迪·帕克和凯鲁亚克合租的，后来蔡斯、金斯伯格和巴勒斯搬了进去。巴勒斯与琼相处融洽，因此金斯伯格和凯鲁亚克想撮合他们："杰克和我觉得琼和比尔会是不错的一对，"金斯伯格记得，"他们很相配……他们一样的腔调，一样机智、有趣、聪明，一样博学，一样文雅。"

　　琼比比尔小10岁，是个优雅的年轻女性，博览群书：她可以谈哲学，喜欢读普鲁斯特的作品，喜欢一边洗泡泡浴一边读报。她结过婚，有一个小女儿朱莉，性格坚强，在性方面十分直率。她告诉巴勒斯，他做爱的时候像个男妓（这是一种恭维，巴勒斯引以为傲）。1945年他们成为情人，至少一开始他们是对方的如意伴侣。她对玛雅人很感兴

40年代的琼·沃尔莫，艾伦·金斯伯格拍摄

趣,常常谈到他们的控制力;她向巴勒斯暗示,玛雅人也许能通过心电感应的方式控制别人。

没过多久,她开始认为自己是巴勒斯的合法妻子,而巴勒斯也喜欢随意地称她为"老伴",就像酒吧里常见的男人一样。他们一度因为公然猥亵罪被捕,因为警察发现他们把车停在路边做爱。巴勒斯在监狱待了一晚,次日他的父母把他保释出来,并交了173美元的罚金。

长久以来,巴勒斯迷恋犯罪和黑道,他还计划或幻想抢劫蒸汽浴室,或者抢劫布林克麦特公司的武装押运卡车,在通过检查站的时候带一枚炸弹追上它。早在1946年,似乎是通过杰克·安德森(Jack Anderson),一个名叫诺曼(Norman)的熟人(《瘾君子》中诺顿的原型)带着一把打算出手的冲锋枪找到巴勒斯。巴勒斯很感兴趣,随后诺曼又带来他想处理的其他东西;他还有好几支吗啡。

巴勒斯是哥伦比亚大学杂货店冷饮柜的常客,因而认识了一个犯过轻罪的售货员,对方有点痞气,名叫鲍勃·布兰登伯格(Bob Brandenburg)(《瘾君子》中杰克的原型)。两人聊起枪支,布兰登伯格随后领着巴勒斯见了两个人:一是他的室友、皮条客,名叫赫伯特·亨克尔(Herbert Huncke)(《瘾君子》中赫尔曼的原型);另一个也犯过轻罪,精神变态,名叫菲尔·怀特(Phil White),外号"水手"(《瘾君子》中罗伊的原型)。水手菲尔有南方口音,头骨不对称,看起来有点怪,眼睛尤其明亮,像猫眼石一样闪闪发光。

亨克尔,也叫瘾君子亨克尔,在时代广场附近是个小有名气的人物。他个子不高,眼睑很重,隐约有点异国气质,或者说长得像东方人。几年来他不断地进出监狱,靠当男妓为生,经常干点小偷小摸的事情,不过他很健谈,后来还写过书,最后死在"感恩而死"(Grateful Dead)乐队为之付费的切尔西酒店的一个小房间里。

他最初出现在公寓的时候并没有引起巴勒斯的注意。巴勒斯看起来极其乏味,他戴着眼镜和翻檐帽,穿着过时的切斯特菲尔德外套,看起来特别保守。亨克尔竟然以为他是个便衣警察,甚至是联邦调查局的人。亨克尔想让巴勒斯离开,但是他似乎跟菲尔·怀特很投缘,特别是后者提到了吗啡。

亨克尔很警惕,拒绝购买,但是怀特很热情。亨克尔记得巴勒斯给自己留了几支吗啡,还热切地问:"我留一两支自用,我想体验下吸食毒品到底是什么感觉。你们有谁知道吗?还有,知道怎么吸食吗?"

水手听了之后大笑。巴勒斯不知道的是,他们两位都是瘾君子,刚刚结束一次漫长的海上航行,打算辞职。结果,像《美国最后之日》(*Twilight's Last Gleamings*)一样,有人抢劫了船上的医药用品,他们被迫服用吗啡,返程后,吸食的习惯变得更严重了。

由此,巴勒斯开始服用麻醉剂,自克鲁马努人开始它就跟人类有着特殊的关系。佛教里有种概念叫"难",有时翻译成"苦",广义上来说,指当时无休止的不安、挫败、哀伤以及所有隐约的不快。麻醉剂是"抗苦"的药物,它可以使一切好起来。英国作家爱德华·圣·奥宾(Edward St Aubyn)说:"海洛因是失踪的椅子腿,精准地贴合每一块碎片。"

约翰·琼斯(John Jones)写于 1700 年的作品《鸦片揭秘》(*Mysteries of Opium Reveal'd*)中说,鸦片"是永远温柔的愉悦,正派的人不会提及它的名字",巴勒斯则把吸食者比作"体验古老性高潮的顾客"。除了上升的愉悦感和温暖感以外,这种饱腹和镇定与饮酒引发的兴奋的麻醉感截然不同,德昆西(De Quincey)这样写道:

酒精使人失去自制力:鸦片则大大提升了人们的自制力……传达平静和平衡,无论是主动的还是被动的……(它)

似乎总是能平复焦虑，集中思绪。简言之……（酒精）只是最
大限度地唤醒人性，往往是野蛮的部分……但是吸食鸦片的
人……首先感觉到的是人性中美好的部分。

同时，麻醉剂能带来一种深不可测的感觉，或是隐约的忧伤：巴
勒斯感到"在我转过头的时候，视野之外有某种可怕的形象在移动，
不过我却看不清楚"。然而过量服用麻醉剂的真正恐怖之处还不在于
此，它恶名昭著，主要是初期的愉悦渐渐消失，无法再次体验，而人一
旦上瘾就无法忍受，需要继续服用药物令自己感觉正常。

现在，巴勒斯觉得"一种放松感在体内蔓延"，所以他似乎"在
没有轮廓的地方飘浮，就像是在温暖的盐水里"。他很快就学会了享
受这种感觉，习惯躲进安全、舒适的灰茧。正如亨克尔所说："对比尔
来说，这是全新生活的开始。"

几年后，从成瘾的角度来看，巴勒斯会简单地说："毒品不是迷幻
感，是一种生活方式。"不仅如此，对巴勒斯来说，它变成了一种见世
面的方式。相对于他对自由和逃离的关注，对爱、语言和控制的痴迷
也是他解读世界的重点。

巴勒斯的新生活还意味着与"水手"菲尔和怀特一起闲逛，亨克
尔也渐渐与他和解。从第一次见面开始，巴勒斯就感觉他的眼里"像
电视广播一样"涌出"阵阵敌意和猜疑"，亨克尔渐渐觉得"也许他
是个好人，只是想从自己平凡的生活中找点乐趣……"。不久，亨克尔
开始从巴勒斯那儿拿点小钱，还让他帮忙买些饮料和餐食。

亨克尔和怀特是巴勒斯进入罪犯圈子的起点，此外还有小
杰克·梅洛迪（Little Jack Melody）和他的女朋友维基·罗塞尔
（Vickie Russell）[也叫普丽西拉·阿米蒂奇（Priscilla Armitage），
《瘾君子》中玛丽的原型]。维基·罗塞尔的父亲是名法官，她比小

杰克高出一个头，但是却迷恋小杰克："我迷上杰克了。"另外还有比尔·加弗（Bill Garver）（《瘾君子》中比尔·盖恩斯的原型），亨克尔在狱中认识了他。加弗是个中年人，出身良好，是个中产阶级的瘾君子，他把自己的证书和"现实的权利"都装进一个老式的马尼拉纸质信封，包括共济会的卡片；他专门去饭店偷外套典当维生。对巴勒斯而言，盖恩斯无形中很体面，就像一个幽灵：

> 有一种幽灵，在床单或其他什么布的帮助下，给个轮廓就能显形。盖恩斯就是这样。他在别人的外套下显形。

加弗中年的时候就是个典型的瘾君子：那个时候的瘾君子年纪更大些，往往是"颓废"的老服务生或清洁工（"幽灵般的清洁工像灰烬一样苍白，鬼魂般的搬运工露出一只苍老的手缓慢地清扫布满灰尘的大厅，一边咳嗽，一边吐痰，看起来十分恶心，直到黎明时分他们才回到酒店里的假模假样的黑市……"）。

巴勒斯发现自己身处一个杰克·布莱克式的世界：

"都是昔日的小偷、扒手之类的人。他们是一个濒死的种族，这些老将鲜少离开……他们在从事表演事业。"巴勒斯对骗钱的手法很感兴趣：

> 他们有一招叫"钞票"，就是在买东西找零钱时做文章。我从没弄清楚他们到底是怎么玩的。我认识的一个人用这招要了中央车站的全体收银员。从一张 20 美元的钞票入手。你给他们一张 20 美元的钞票，然后在收到找的零钱时，你说："哦，等等，我肯定是在做梦。已经给我找过零钱了。"要知道，收银员就这样莫名其妙地少了 10 美元……在法庭上，他们想要说明事情的来龙

去脉，但是谁也说不清楚。我把这些故事记了下来。

巴勒斯的全新生活中的一个地标物就是第八大道和第42街路口的天使酒吧，这在《瘾君子》中有记录。

有段时间"垮掉派"的原型们常常光顾那儿，与那些不起眼的罪犯厮混。在那间酒吧，亨克尔会讲别人的八卦，也会帮金赛（Kinsey）博士的性学研究招募研究对象，其中也包括巴勒斯，他曾经与金赛的助手沃德尔·波默罗伊（Wardle Pomeroy）面谈过。回想起"那一年低落颓废的堕落"和"诡秘的邪恶人物"，凯鲁亚克记得"我们在第八大道和第42街路口那个邪恶的酒吧流连"。后来，巴勒斯给金斯伯格写信，称《瘾君子》是一本游记。从某种意义上说，这是一本罪恶的犯罪团体的游记，阿伦·安森（Alan Ansen）称之为一本"人类学—社会学游记"，但是巴勒斯在给金斯伯格的信中则将毒品视为"游历"的对象。通过《瘾君子》，巴勒斯开始了关于心理空间和毒品景象的写作之途，在他的作品里，毒品不是一般的"迷幻"药，毒品向他呈现出了特别的城市景观：

> 一幅幅图片闪过，像在看电影一样：街上来来往往的人甚至修路工人都涌进了酒吧，这个巨大的、闪烁着霓虹灯的鸡尾酒酒吧变得愈加高大，女服务员的托盘里放着一只骷髅，晴朗的天空星光熠熠。

从此以后，麻醉剂的品质不仅提供了万能的隐喻架构，还浸润了巴勒斯的作品，注入了个性化的景观：

> 我躺在那儿，看着石膏天花板上的阴影。

我记得很久以前，我躺在床上，靠着妈妈，看着街上的灯光射向天花板，打在墙上。火车汽笛声、顺着城市街道传来的钢琴声以及烧焦了的树叶，使我感觉到强烈的乡愁。

毒品引起的轻微恶心总是让我奇妙地想起童年。我觉得："这种方式从未失手。就像被注射一样。我很纳闷是不是所有的毒品都能有这么美妙的效果。"

安·马洛（Ann Marlowe）在《如何让时间停住：海洛因小百科》（*How To Stop Time: An A-Z of Heroin*）中写道："海洛因成瘾本质上是怀旧的。"不过她的主要意思似乎是指重温毒品初体验，下面这种说法引起了较大反响：埃里克·德策尔（Eric Detzer）在《毒海沉沦》（*Monkey on My Back*）中写道："即使是第一次尝试，这种体验也是早就熟悉了的，就像重温 7 岁生日一样。"

巴勒斯比他的"垮掉派"朋友更进一步，他走进了下层社会，闯入了海洛因的世界。金斯伯格偶尔因消遣的目的吸食海洛因，凯鲁亚克尝试过但不喜欢。凯鲁亚克选择的毒品是安非他命，巴勒斯的同居女友琼选择的也是安非他命。这些毒品普遍需要用苯丙胺吸入器吸食，苯丙胺吸入器可以在药店买到，将它敲开并倒掉苯丙胺即可使用。有一天深夜，巴勒斯与维基·罗塞尔在一个小饭馆试用苯丙胺吸入器。巴勒斯用咖啡服下苯丙胺以后，发现自己语速更快，突然变得"豪爽亲切"，想要拜访几年没见的人以及"以前我不喜欢的人或者不喜欢我的人"。同时，维基还在自动点唱机上选择了一些真实的"无效号码"，开始"用自慰的白痴腔调"敲击桌子。

凯鲁亚克和琼都因过量服用苯丙胺备受折磨。凯鲁亚克得了腿部静脉炎，琼则可以透过皮肤看到小蠕虫，她得了妄想症，常常听到公寓楼下有人争吵，实际上并不存在。同时，巴勒斯则习惯服用烈性毒品，1946年4月，因为用偷来的处方笺伪造氢吗啡酮的处方，巴勒斯被捕。前来逮捕他的两位探员像极了《裸体午餐》中的豪泽（Hauser）和奥布莱恩（O'Brien），他们按常规扮演了一个友善、一个严厉的角色，属于"骗子和硬汉的组合"。

巴勒斯在纽约的坟墓监狱待了没多久，伍伯格医生通知了他的父母，随后父亲把他保释了出去。在结案前，他不但没有改过自新，还与比尔·加弗在格林尼治村售卖海洛因，并且尝试"酒鬼工作"——与菲尔·怀特在地铁上或其他什么鬼地方抢劫睡着了的醉鬼（就像《软机器》中一开场，"我和水手在忙活"）。

亨克尔觉得像巴勒斯这样受过教育的人与怀特结伙犯罪很可笑，而巴勒斯则因为一个醉汉突然醒来并且大打出手而心烦意乱。事实上，用大标题的字眼来说，怀特就是一个疯狗、正午的杀手。他向巴勒斯借了一只0.32口径的手枪去抢劫一个皮货商，对方大喊大叫。怀特开枪杀死了他，而且没被抓获，接着他和亨特尔把巴勒斯的手枪拆了，又把零件扔在纽约市各个角落。

怀特当然没有好下场，他检举了一名同犯，后来于1951年在坟墓监狱上吊自杀。巴勒斯喜欢并崇拜怀特，起初他打算把《瘾君子》这本书献给自己的回忆，在给金斯伯格的信中，他写道，他觉得怀特"很像个男人"。

巴勒斯的案子在1946年6月结案，这是一个出身良好、受过教育的年轻人第一次犯案，法官判了他4个月的缓刑。他说："年轻人，我想给你一个严厉的惩罚，把你送回圣路易斯过夏天。"

第四章
年轻人，去南方

　　1946 年的夏天，回到圣路易斯以后，巴勒斯高兴地见到了凯尔斯·埃尔文斯和他的妻子及儿子，埃尔文斯在战后做了海军上校。埃尔文斯和巴勒斯一起设计了一些快速致富的专利（永久灯泡，还有家用干洗机），但是埃尔文斯更加坚定地选择了农业，并且劝说巴勒斯跟他一起干。埃尔文斯在得克萨斯州种柑橘和棉花，巴勒斯于是用父母的钱买了 50 英亩的棉花地。两人在得克萨斯州的法尔租了一所房子，每天盯着自己的投资，无所事事；工作都交给墨西哥的非法劳工干了。他们在当地有一些朋友，每天 5 点开始喝酒，凯尔斯敲着锡盘，大家就都站起来，"像战士听到钟声一样"。

　　琼还在纽约，生活颓废；1946 年 10 月，她进了贝尔维尤的精神病院。大约 10 月 31 日左右，巴勒斯过去拯救了她，把她接了出来，说他们可以去得克萨斯州过新的生活，并住进了时代广场上的一家廉价旅馆，事后他们觉得两人的孩子就是在那儿孕育的。

　　巴勒斯把棉花交给了能干的埃尔文斯，他自己则打算在新威弗利较偏远的地方种植大麻，顺便种点罂粟（"伙计，我们可是在希克斯维尔待过的"）。他和琼、琼的小女儿朱莉以及赫伯特·亨克尔住在那儿。亨克尔帮忙跑腿，到休斯顿给琼批量购买苯丙胺，还帮忙做些杂事：做饭、给留声机上发条。当时巴勒斯喜欢听科尔曼·霍金斯（Coleman Hawkins）的"小火（Low Flame）"以及一些他喜欢的另类的维也纳华尔兹音乐。"噢！你不会想听那个的！"亨克尔会说。巴勒斯则说："噢！可我就是想听。"

　　1947年7月21日，琼生下了儿子威廉·西沃德·巴勒斯三世。由于体内积聚苯丙胺，她不能哺乳，但是实际上在怀孕期间，比利①已经摄入了过多的苯丙胺。这就意味着他一出生就有毒瘾，在婴儿期间就要经历痛苦而艰难的戒毒过程。

　　在得克萨斯州期间，巴勒斯开始研究威廉·赖希，一个特立独行的前弗洛伊德学派者。赖希与巴勒斯一样，接受过保罗·费登的精神分析。赖希把精神分析学的基础从弗洛伊德提出的性扩展至新的伪科学：生命力。性高潮和性满足是心理和身体健康的关键，但是性压抑和性挫折会导致法西斯主义和癌症。性高潮带来的"生命能"不仅可以度量，而且是蓝色的，因此天空是蓝色的。生命能是宇宙中的正能量，另外还有负能量，即致命的生命力辐射，简言之，即嘲讽，它可能来自原子能，示人以邪恶的云。这些可以用赖希的"高飞球"传播开来，那是一种像高射炮一样指向上方的装置。

　　赖希还有一个更有价值的观点是"性格盔甲"。它把性格看成是反抗和压抑的防御式残余，影响个人的整体风度和人格。巴勒斯后来注意到，秘鲁男孩是他所见过的性格盔甲最少的人（"他们随地大小便……表达感情时没有禁忌……在彼此身上爬过去，手拉手……"），然而，当一个海军中尉开始放松抑制，对服务生喝倒彩，出风头地对待巴勒斯时，他把这种表现称为"带着性格盔甲进行可怕的脱衣舞挑逗"。人人都在叫："看在上帝的分上，继续。"

　　相对于赖希的理论，巴勒斯更关注其伪实际应用：他特别为自己建造了一个赖希式"生命力累加器"，即一个足以容纳一个人的箱

----

　　① 比利是巴勒斯的儿子威廉·西沃德·巴勒斯三世的昵称。

子，金属层和有机材料层相间，以便产生有益健康的生命力浓度。巴勒斯写信给凯鲁亚克说，他自制了一个生命力累加器，而且确实有用：赖希当然没疯，他是"该死的天才"。在《在路上》这本书中，凯鲁亚克让其巴勒斯式的人物说："看看，你们为什么不试试我的生命力累加器呢？在骨头里倒点果汁。我总是跑上去，以每小时90英里的速度冲向最近的妓院……"巴勒斯的余生一直断断续续地使用这种生命力箱子。

大约在此期间，巴勒斯发现了英国作家登顿·韦尔奇（Denton Welch），他的书既精致讲究又毫不造作。1935年他在骑自行车时被一辆汽车撞倒，这次意外使韦尔奇身体残疾并导致了他的早逝。伊迪丝·西特韦尔等人非常崇拜他温和又狂热的作品。晚年的巴勒斯称韦尔奇在很大程度上影响了他的文风，在最后两部小说中，他把韦尔奇和他本人糅合成一个名叫金姆·卡森（Kim Carsons）的少年主角。

J.G. 巴拉德（J. G. Ballard）曾经称巴勒斯是"最不可能担心胡萝卜作物的人之一"。无论可能与否，巴勒斯总是称自己即将要从农业上赚大钱了，但实际上却从未成真。他在写给金斯伯格的信中总是满怀憧憬地谈到棉花、生菜、豌豆、胡萝卜长势很好，正通过邮购的方式销售柑橘，甚至还提到石油生意。遗憾的是，随之而来的往往是碰上霜冻、供大于求、市场价格骤跌、作物被锄倒或者人工成本过高等消息。

金斯伯格担心巴勒斯付的工资太低，但是巴勒斯说如果没有利润，连工资都开不出来。非法劳工有其丑陋的一面，相关事务主要是由劳工中介处理。有一个中介很随意地提到他的工头前晚枪杀了两个非法劳工。巴勒斯自己当然与此无关，但是他写道，他很震惊地发现，与当毒贩相比，他作为体面农场主的"道德立场"根本不牢靠。

巴勒斯一生中真正痛恨的是干涉。边境巡逻队驱逐了他的工人，农业部的官员告诉他该种什么，他对此无法忍受；他说，让这些人来管，他们会明白"我们不是自由主义者"。此时，巴勒斯在写这些的时候，食品与药品管理局的人正在与威廉·赖希谈他心爱的生命力箱子，结果后者被国家官僚送进了监狱，导致其英年早逝。

尽管巴勒斯像个十足的"美国农场主"一样持枪防卫，但是唯一势头不错的是他的微型副业：鸦片；他曾把一包鸦片当作礼物送给金斯伯格。他种植的大麻实在运气不佳，完全反映了农场主比尔的惨败。大麻作物收获后，他将其装进玻璃罐，运到 1900 英里外的纽约〔得到了"垮掉派"司机尼尔·卡萨迪（Neal Cassady）的帮助，即《在路上》中迪安·莫里亚蒂的原型；卡萨迪和金斯伯格曾经一起生活过一段时间〕。到纽约后，他发现未熏制的叶子根本没有市场，最后只卖了 100 美元，总算松了口气。在《瘾君子》中他伤心地写道，在写作上他有多出色，在现实中他就有多倒霉，"理论上，除草很好办，就像养殖毛皮动物或青蛙一样"。

巴勒斯已经戒掉了毒品，但是他在纽约逗留期间，比尔·加弗让他复吸了。巴勒斯不断地戒除烈性毒品——在写给金斯伯格的信中，他一再保证自己已经戒毒，即使自己想也不会再上瘾——但是他又吸了。1948 年 1 月，他自愿住进列克星敦的戒毒中心，暂时戒了毒。似乎为了证实巴勒斯晚年的偏执观点，后来发现中央情报局其时正在列克星敦秘密开展迷幻药实验，不过当时巴勒斯并不知晓。

至此，巴勒斯已经厌倦了住在希克斯维尔，他决定搬到新奥尔良继续从事种植业。1948 年夏天他来到新奥尔良，不过他们在此地逗留的时间并不长，也不顺利。在洲际大道 111 号的公寓住了没多久，8 月他与琼和孩子们搬到了阿尔吉斯郊区瓦格纳街 509 号，很快与邻居发生不睦。隔壁的一个孩子往小比利的脑袋上扔石头。11 月他向金斯伯格汇报说，他和邻居起了争执，称那是一个"外国佬的白蚁穴"。

他以为情况会恶化，不过他有心理准备："我准备了足够的枪，以防袭击。"

巴勒斯使用 "beat"（垮掉）这个词是指被打败了的或可怜的——一个倒霉的镇子应该是个可怜的地方，不过凯鲁亚克却给了一个积极的意义，几乎相当于"幸福的"。凯鲁亚克和卡萨迪以及一个名叫阿尔·欣克尔（Al Hinckle）的朋友一起开车在东西海岸间旅行。这种艰苦疲惫的行为对巴勒斯来说是完全陌生的，他对这次旅行冷眼相看——《在路上》有记录。

巴勒斯冷静聪明的姿态不仅不颓废，反而很新潮，他觉得开车横穿美国就像玩邦哥鼓一样好笑。

他有理由讨厌这次旅行，因为卡萨迪等人把欣克尔的新婚妻子海伦（《在路上》中卡拉蒂·邓克尔的原型）一个人丢在新奥尔良，由巴勒斯安排她的住处。巴勒斯觉得她是一个体面的、乐于助人的客人，不过他讨厌欣克尔和卡萨迪托他照顾海伦。在 1949 年 1 月的一封信里，完全看不出他有后期的厌恶女性倾向，他写道，他们不该那样对待一个人，当然更不应该那样对待"海伦那样正派、诚实、善良、得体的犹太女孩"。

巴勒斯对农业的兴趣不减，同时还开始琢磨房地产（为了让租客离开还引发了一起官司；他想出手的房子里住着几个"讨厌的人"）。到新奥尔良不久他就认识了一个名叫乔·里克斯（Joe Ricks）的瘾君子（《瘾君子》中帕特的原型），并且实实在在地开始吸毒。里克斯与巴勒斯在汽车内被一名警察认出，并被拦下来，警方搜查了巴勒斯的房子，发现了与大麻有关的信件。

巴勒斯有可能要到残酷的安哥拉监狱服刑 2—5 年，如果此案结案前再次犯案，则要被另案审判，可能入狱 7 年。他唯一的机会就是警方在没有正当理由的情况下搜查了他的住所，因此，律师建议他试试"程序非法"。巴勒斯住进了一家疗养院，经历了痛苦的戒毒过程。他的律师名叫林克（《瘾君子》中蒂奇口中的克莱尔），将案件延后了一段时间，但不能无限期地延后。当巴勒斯提到得克萨斯州和墨西哥时，林克告诉他有个客户去了委内瑞拉，而且再也不回来了，暗示巴勒斯也可以效法。

巴勒斯厌倦了美国，美国对他而言就像是一个警察国家。你不能吸毒，不能在路边发生性行为，不能赶走房子里的租户，不能拒绝警察入室拿走你的信件：太过分了。与凯尔斯·埃尔文斯在法尔待了一段时间后，他觉得是时候逃脱审判，去一个自由的地方了。1949年10月，他搬去了墨西哥。

巴勒斯和琼及两个孩子住在墨西哥城麦德林街37号的一所公寓里，还按照退伍军人法案在墨西哥大学重拾玛雅研究（他写信给凯鲁亚克，"永远记得从公家分一杯羹"）。巴勒斯喜欢墨西哥："在墨西哥，你的愿望拥有梦一般的力量。当你想见某个人的时候，他就出现了。"

说到枪支、毒品和男孩，墨西哥的生活是自由放任的。他写信给金斯伯格，称自己离开美国来到"这个美好、自由的国家"倍感轻松。墨西哥自由和舒适的生活使巴勒斯想到了过去的美国：墨西哥是"1880年左右的美国"，所以如果艾伦想找机会致富，又想拥有1914年以来在美国没经历过的生活方式，那么，"年轻人，到格兰德河南边去吧"。这种对过去的复杂联想造就了《软机器》较早出现的一个独特的形象：驱车到墨西哥，"我们往南走得越远，越容易在自己身上刻下20年代的印记"。

美国已经失去了其"光荣的不管闲事的先锋传统"，但是墨西哥却保留着：如果有人想戴单片眼镜或拿根手杖，根本没人管你。年轻人会手挽手地沿街散步。巴勒斯说，墨西哥人决不会想到会有陌生人对此提出批评，他们也不会对别人横加指责。

巴勒斯经常做有关警察当局的噩梦，"梦里反复出现的那个警察……只要我想注射或跟男孩子睡觉他就会闯进来"。但是在墨西哥，即使是警察，他们也没有恶意，他们是乐于助人的公职人员。他们绝不会拦下一个像他那样的"穿着考究的上流人物"，他告诉金斯伯格，他从没动过枪杀警察的念头，在美国的时候可不是这样。

现在他总是带着一把枪，不仅仅是因为觉得不安全，而且还想使自己显得更小资。与此同时，琼确立了某些理论，认为炸弹测试产生的原子辐射会形成某种思想控制。在墨西哥，她没法弄到苯丙胺，于是早上 8 点就开始喝龙舌兰酒。在新奥尔良的时候，她得过脊髓灰质炎，身体就变弱了，有点跛足，饮酒和毒品又使她看起来十分邋遢。

巴勒斯又开始与男孩来往，频频光顾同性恋酒吧，如海员酒吧和绿灯笼酒吧（后者很像《瘾君子》中的奇慕酒吧）。为了把他们带回家，他好像还另租了一套公寓，有一个关系稳定的墨西哥男孩名叫安杰洛（Angelo），是在酒吧认识的。琼对此很宽容，巴勒斯给金斯伯格写信说，和女人做爱的感觉就像你明明想吃牛排，却吃了一个墨西哥卷饼，琼在信的末尾加了一句，"本月 20 日左右，情况变得有点紧张，他靠墨西哥卷饼维生了"。

巴勒斯曾经接触过墨西哥城的毒品市场，《瘾君子》中有一段难忘的心理—地理段落即以此为主题：

　　就像地质学家会根据岩石裸露在外的特征寻找石油一样，某些迹象特征也会暗示附近有毒品。毒品往往在边界划分不清晰的区域或过渡区域：如纽约的东 14 街临近第三大道的地方；新奥尔良的普瓦德拉和圣查尔斯；墨西哥城的圣胡安拉特朗。主要是假肢店、假发商、牙科诊所，还有香水、发蜡、小商品和精油的生产商。在这些地方，可疑的企业与贫民区相互接触。

巴勒斯的货源都来自一个名叫戴夫·特索雷罗（Dave Tesorero）的瘾君子（有时候写成 Tercerero，《瘾君子》中老艾克的原型）。他们通过特索雷罗从一个控制墨西哥城毒品市场的女性洛拉·拉·查塔（Lola La Chata）（类似盐块玛丽的形象，《瘾君子》中露佩塔的原型）手中弄到毒品，巴勒斯出钱，由戴夫登记瘾君子的身份，拿到的毒品两人分。

琼对毒品可不像对男孩那么宽容，她绝望了。巴勒斯上瘾后就变得令人厌烦、无精打采，好像灯被关了一样。有一天，他用勺子吸食毒品时，琼夺过去扔了。他打了琼一巴掌。这种非典型的时刻后来成了《瘾君子》最初的封面，也是 20 世纪 50 年代纸浆艺术的常用形式——这个女人似乎是个特别有魅力的吸毒者，她为了自己勇敢地克制着——显示男性和女性对皮下注射的挣扎。

巴勒斯间歇性地试图戒毒，但往往又导致酗酒，情况更糟糕。有段时间甚至发展到了尿毒症初期。1951 年他经历了一段倒霉时期，在公共场合喝醉，撞到树上，向陌生人说一些不堪的话，先在酒吧挥舞枪支然后被收缴。他们的朋友哈尔·蔡斯回忆道："琼是那样无助……比尔总是被缴械……琼会说：'那他们拿走了你的枪，是吗？'"回到纽约之后，蔡斯还记得，琼常常蔑视巴勒斯，"她会详细描述他准备做爱却突然脚抽筋的状况"。

巴勒斯和琼相互爱恋，也相互厌倦。他们的关系中有很多矛盾的情感，特别是巴勒斯这边。1950 年秋，他们在库埃纳瓦卡提出离婚，这件事情后来产生了灾难性的后果。

巴勒斯对心电感应很感兴趣，他们俩进行了实验，包括在墨西哥城两人关系紧张的时候。卢西安·卡尔有一次去拜访他们，看着他们各自在一张纸上画画，再分成 9 个正方形，然后比较双方的画。两人的画作似乎有很大的相关性——蝎子、瓶子、狗——卡尔觉得很离

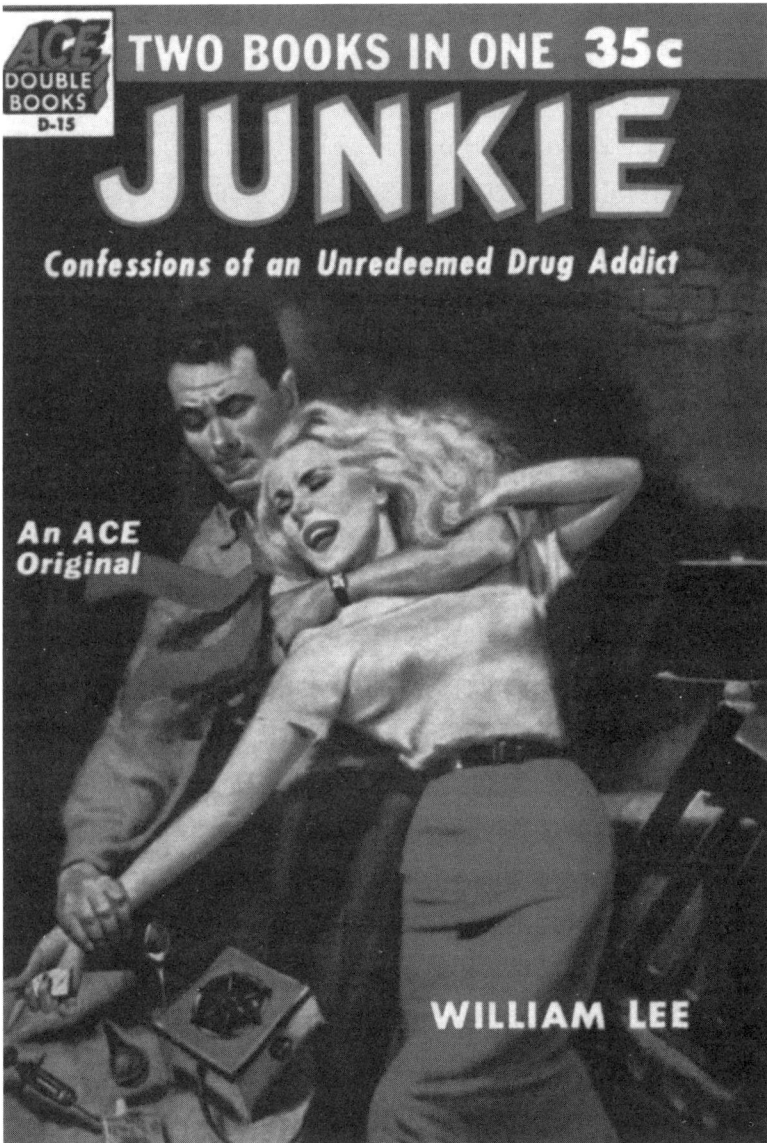

王牌图书公司第一版《瘾君子》（1951）

奇。似乎二人之间真的有心灵感应，他进一步觉得两个人的关系越紧密，那么琼就越可能属于发送者。

更早些时候，巴勒斯曾经跟凯鲁亚克做过心电感应的实验，他相信其真实性。他告诉金斯伯格，心电感应有极强的暗示意义：这些确凿的、显而易见的、可证实的事实表明，脱离实体的意识可能存在，因此，来生也可能存在。而且，对巴勒斯而言，心电感应也是一种强烈的愿望。他反复写到非语言层面的交流和移情——再次上升到心电感应——正是他在人类关系中所追求的，并注意到这在巴拿马行政部门是缺失的："你无法在本能和移情的层面与公职人员接触。他只是没有接收器，他像一只用光的电池一样精疲力竭。"

巴勒斯曾经在书上看到，据说南美的毒品能够加强心电感应：即南美卡皮木，是当地毒品死藤水的原料。它的有效成分哈马灵，当时叫南美卡皮根碱。巴勒斯在《瘾君子》的结尾部分提到，与毒品相比，南美卡皮木有更多的可能性——这可能是最终方案，他说："迷幻感不仅不会限制我们，反而拓展了我们的世界。"——他用这一澎湃的先锋音符给这本书收尾。

20 世纪 50 年代，南美卡皮木还不著名，只是悄悄地"流传"。中央情报局感兴趣的是少见的植物迷幻药，包括死藤水和蘑菇。1953 年6 月，在中情局洋蓟会议上有人透露，墨西哥巫医使用毒品寻找失物、预测未来；发言人说，中情局"必须"加以探索。

距离麦德林大街几个街区就是邦蒂酒吧，很受墨西哥城大学里美国学生的欢迎，大约在 1951 年 5 月，他在那儿遇到并疯狂地爱上了一个随和的 21 岁的美国青年，名叫阿德尔伯特·刘易斯·马克（Adelbert Lewis Marker）。马克算不上知识分子，不过他戴了一副眼镜，看起来很聪明，曾经在德国服役，战后在美国反情况组织工作，现在是墨西哥城大学的学生。

马克是异性恋者，不过他很喜欢巴勒斯，因为巴勒斯能让他笑，巴勒斯在小说《酷儿》（Queer）里不加掩饰地把他们的关系写成了小说，马克就是小说中的"尤金·阿勒顿"（进一步混淆了虚构小说和自传的界限），在巴勒斯自己当时灰心的日记中，他也将马克化名阿勒顿，这本日记后来以《逝去的一切》（Everything Lost）发表。

巴勒斯拼命不断地诱骗马克，投入各种喜剧的奇思怪想，其中有些发展成了漫画"小品"，如《格斯的二手奴隶行》，有点像二手车行；《得克萨斯油商》[其中的南方兄弟，如弗雷德·克罗克利（Fred Crockly）和罗伊·斯皮格特（Roy Spigot）]以及最终的《调查员》（Skip Tracer），其中谁也没有逃脱"友好金融"贷款公司。阿伦·安森后来写道，这些小品本质上是"为了给人留下深刻印象而用手倒立的汤姆·索亚"。

不可避免地，《酷儿》中巴勒斯有很多绝望的说笑涉及操纵、控制、权力和性等话题。他永远不会忘记"不能言说的恐怖"，他说——阿勒顿/马克是夸张的——"当时，那些令人苦恼的话语刺痛了我眩晕的头脑：我是个同性恋。我想起了我在巴尔的摩夜总会见过的那个化着浓妆假笑的女演员。会不会我就是那些次等公民的一分子？我有可能毁了我自己……我想也许像个人一样死去要比像个性取向不正常的怪物活着更高尚……"

巴勒斯央求马克陪他参加一个二人探险活动，去厄瓜多尔丛林寻找南美卡皮木。巴勒斯将承担一切费用，负责逗他开心，而马克要做的就是做他的听众，并同意每周与他做爱两次，这是他们的协议。

马克同意了，1951年7月至9月，他们去旅行了。那是一场灾难。无论巴勒斯怎样努力调侃他们之间的关系，感情上他是十分痛苦的。马克喜欢一个人睡觉，这迫使《酷儿》主人公"李"说如果阿勒顿执意如此，他希望两个人像冬眠的蛇一样相拥而眠。李预想到会有后来被巴勒斯称为"迎合"的绝望煎熬，他继续喃喃低语："如果我们一起冲进一个很大的泡泡，会不会很美……我是不是让你觉得害怕了？"阿勒顿回答道："是的，没错。"

巴勒斯有时候也为马克感到难过："他是那样一个孩子……他不知道遇到了什么样的事情。我感到可惜，就像我当年切断的那截手指一样，似乎它是无辜的受害者，刚刚遭受了不可预知的暴力。有时候，由于我反常的强烈情绪，他看起来伤心又困惑。"

他们没有找到南美卡皮木，不过他们遇到了一个名叫富勒（Fuller）的坚强的老植物学家（《酷儿》中科特的原型），他跟妻子住在丛林中，与印第安人有接触。富勒告诉他们死藤水与巫术有关，他可以介绍他们认识巫师，但是巴勒斯说不用了。三天后，他们离开了，富勒毫不掩饰地松了口气，巴勒斯则挫败地回到了墨西哥城。

他继续迷恋马克，后来想到了一个办法，用漫画小品吸引马克。他说他想尝试巫术。

> 当实在没有其他办法时，人们往往会利用巫术追求人世间的爱（即便诅咒也是为了最后尝试与被爱的人进行沟通。我没有想过诅咒，那是绝对不该做的事……诅咒绝不会重获关注）。我想得到他的爱，甚至更加希望他能意识到我对他的爱。而他却冷漠地拒绝我慨叹生活，拒绝我慨叹生活的方式，拒绝生活本身。简言之，我意识到自己需要人世间的爱。

在后来的一首诗《致M》中，他又从另一个稍微不同的角度加以阐释，这首诗他大概从未寄给马克，但他给金斯伯格看了。现在，他的爱表现为毒瘾、戒毒和取出达姆弹头的伤口。最后，他写道：

> 请不要伤害我，这样我就会忍不住想去伤害你。
> 至少祝我好运。
> 让我随时可以用我的方式帮你。

在给金斯伯格的信中，他还在附言中提到，马克不想祝他好运，也不想跟他道别。

巴勒斯因马克感到伤心，同时又有某种不可名状的悲痛。1951年9月6日，听到穿街走巷的磨刀匠的音乐哨声，巴勒斯走出去磨刀。那是一把小刀，是他与马克旅行时在基多购买的。当巴勒斯走向磨刀匠的小推车时，他突然感到不可抑制的强烈的绝望、失落和伤感，满脸是泪。

第五章
枪支走火

　　磨刀匠的音乐、巴勒斯的哭泣以及即将发生的另一件事，所有这一切好像是促成了一种顿悟，但是当时，音乐和小刀可能使他想起了最近的旅行，使他回忆起与马克之间的种种不快。

　　巴勒斯以前曾经听过类似磨刀匠的哀伤音乐，即在传统的排箫上弹奏简单的音符；最初是 20 世纪 30 年代在阿尔巴尼亚听过，后来又在南美反复听到：在《死藤水信函》（*The Yage Letters*）中，他在自动唱机上播放（"古老的……特别熟悉的哀伤的老歌"）；在《酷儿》里，他在市场上看到一个双腿萎缩的驼背人在弹奏；在南美笔记里则是一场原子弹爆炸云的梦：

　　　　一个紫色的黑影向四周扩散……越来越暗……那些中国人关上店铺的门，拉下金属百叶窗帘。

　　在空荡荡的街上，一个没有腿的盲人乞丐吹着竹笛，调子哀伤而高亢。

　　重要的是，无论这些与音乐的相遇发生在何时，这些创作全部发生在琼被枪击之后，可能情绪上也受到此事的影响。

　　巴勒斯平复心情去磨刀。几年后，他还在琢磨到底是怎么回事，因为事情发生后，他从未取回这把刀。他回家后，开始和琼在邦蒂酒吧喝酒。他快没钱了，有一把 0.38 口径的自动手枪准备拿去卖掉。那天傍晚，他准备到酒吧楼上的一间公寓去见一个潜在的买主，是与巴勒斯相交甚好的邦蒂酒吧合伙人约翰·希利的熟人。

比尔和琼带着小比利上楼，发现买主还没到，但是马克和朋友埃迪·伍兹在那儿喝酒。接下来发生的事情众说纷纭。他好像对琼说："我想该我们的威廉·退尔①露一手了。"琼当时喝醉了，一边笑着，一边把一个玻璃杯立在头上。

巴勒斯瞄准杯子射击，室内枪声响起。片刻之后，杯子掉在地上，完好无损。琼歪着脑袋，然后马克说："比尔，我想你射中她了。""不！"巴勒斯喊着，跳了起来，骑坐在琼的腿上，抱着她喊，"琼，琼，琼！"

琼的前额有一个蓝色的小洞，中心偏左 4—5 公分。然后血慢慢地流了出来。琼发出鼾声，然后平静下来。现场有一两个人误以为那是死前的"喉鸣"；事实上，琼被送到医院以后才死亡。

詹姆斯·坎贝尔（James Campbell）发现，数年来，关于琼放在自己头上的那个物体，各方报道说法众多：高脚玻璃杯、香槟杯、威士忌酒杯、杏子、橘子、苹果、满满一杯杜松子酒、6 盎司水杯、葡萄酒杯或是锡罐。他们的儿子小比利，当时 4 岁，后来写道："她把一个苹果或是一个杏子或是我自己放在她的头顶，然后挑衅我父亲向她开枪。"

哈尔·蔡斯当时并不在场，他说那一定是故意谋杀。埃迪·伍兹当时在场，他承认可能有一些无意识的谋杀冲动，但"真的是无意识的……他的震惊，我记得很清楚"。琼被送到医院，巴勒斯则被带去警察局。当巴勒斯还在跟警察交谈时，医院传来消息说那位受伤的女性已经死亡。巴勒斯拽着自己的头发大哭。

---

① 这里指巴勒斯想扮演威廉·退尔。威廉·退尔是瑞士的民族英雄，手持弓弩射中儿子头顶上的苹果。

Heir's Pistol Kills His Wife; He Denies Playing Wm. Tell

Mexico City, Sept. 7 (AP).—William Seward Burroughs, 37, first admitted, then denied today that he was playing William Tell when his gun killed his pretty, young wife during a drinking party last night.

Police said that Burroughs, grandson of the adding machine inventor, first told them that, wanting to show off his marksmanship, he placed a glass of gin on her head and fired, but was so drunk that he missed and shot her in the forehead.

After talking with a lawyer, police said, Burroughs, who is a wealthy cotton planter from Pharr, Tex., changed his story and insisted that his wife was shot accidentally when he dropped his newly-purchased .38 caliber pistol.

Husband in Jail.

Mrs. Burroughs, 27, the former Joan Vollmer, died in the Red Cross Hospital.

The shooting occurred during a party in the apartment of John Healy of Minneapolis. Burroughs said two other American tourists whom he knew only slightly were present.

Burroughs, hair disheveled and clothes wrinkled, was in jail today. A hearing on a charge of homicide is scheduled for tomorrow morning.

No Arguments, He Says.

"It was purely accidental," he said. "I did not put any glass on her head. If she did, it was a joke. I certainly did not intend to shoot at it."

He said there had been no arguments or discussion before the "accident."

"The party was quiet," he said. "We had a few drinks. Everything is very hazy."

Burroughs and his wife had been here about two years. He said he was studying native dialects at the University of Mexico. He explained his long absence from his ranch by saying that he was unsuited for business.

Wife From Albany.

He said he was born in St. Louis and that his wife was from Albany, N. Y. They have two children, William Burroughs Jr., 3, and

William Seward Burroughs in Mexico City prison.

(Associated Press Wirefotos)
The late Mrs. Joan Burroughs— killed at party.

Julie Adams, 7, who he said was his wife's daughter by a previous marriage. The couple had been married five years.

She had attended journalism school at Columbia University before her marriage to Burroughs. Burroughs, who also had been married before, formerly lived in Loudonville, a swank suburb of Albany. He is a graduate of Harvard University and worked for two weeks in 1942 as a reporter for the St. Louis Post-Dispatch.

His paternal grandfather laid the foundation of a fortune when he built his first adding machine in St. Louis in 1885.

"继承人手枪杀妻"——《纽约每日新闻报》，1951 年 9 月 8 日

因为在墨西哥定居的事情，巴勒斯曾经与一位能干的墨西哥律师贝尔纳贝·胡拉多（Bernabe Jurado）有过接触（移民困难也使他对墨西哥最初的乐观态度有所改变）。现在他极其需要这位律师，数年后，他还称其为"我最难忘的人"：

> 就在此地，我踏进了一个笑着腐败的世界。这位就是他本尊。他把一个珍珠柄的 0.45 口径自动手枪放在桌上。他身高 6 英尺 3 英寸，宽肩。正如他办公室里的一个文员所说的"真男人"。

胡拉多随即让巴勒斯更改口供。巴勒斯已经告诉警方自己扮演威廉·退尔的事情，后来变成了他在检查枪支，向朋友展示如何开枪，结果不小心枪支走火了。

巴勒斯被关押在墨西哥城的"莱昆贝里黑宫"监狱，但是 13 天后胡拉多就将他保释出来了，巴勒斯的家人准备了需要用到的钱。还有一种广为流传的观点，以特德·摩根（Ted Morgan）的评论为代表，认为"墨西哥司法体制的支柱是贿赂和伪证"。事实上，一切迹象表明，墨西哥法庭非常在意自己的名声，巴勒斯案的审判是公正的，他接受了胡拉多的谎言，但是做出了正确的裁决，那是一起意外的悲剧。一年后，还在保释期的巴勒斯被判处缓刑 2 年减 13 天。在审判期间墨西哥人给予的明确尊重令巴勒斯感动。

法庭可能是真诚的，但是胡拉多不是。巴勒斯及其家人给了他很多钱——比如用于"贿赂弹道学专家"——很可能都进了胡拉多自己的口袋。数年后，胡拉多吹嘘说，他曾在卡萨布兰卡与巴勒斯再次见面，并威胁他再给 20 000 美元保他自由；很不可信。

巴勒斯第一次见到戴夫·特索雷罗是在胡拉多的办公室，胡拉多本人向巴勒斯卖了 1 盎司海洛因，价格是 500 美元。胡拉多上庭之前吸食可卡因，但是他对海洛因没兴趣，并说他不了解海洛因。后来巴勒斯让给了比尔·加弗，但是似乎有点不可信：加弗已经神经错乱，巴勒斯一度以为他死了。

小比利清楚地记得，几周后，父亲带他去墨西哥城公园里的一个喷水池，因为他很快将离开父亲，与祖父母一起生活。巴勒斯送给他一个特别的礼物，一艘红色的船，其动力为真火，要用脱脂棉浸入甲基化酒精。"'现在我们得小心'，他一边认真地说，一边颤抖着点燃棉花，然后小船就在水面上咔嚓咔嚓转起圈来。"

几个油头粉面的青年在旁边窃笑地看着他们，破坏了比利记忆中的这一时刻。他感到害怕。几年后，这整件事看起来就像他所谓的又一例巴勒斯家族的诅咒。"我不知道它什么时候第一次落到我们身上，但我那个时候就察觉到了，那咔嚓声和窃笑声勾画了一幅持久的画面。"

琼被悄悄地安葬在美国公墓。在她躺在医院太平间期间，不知道是谁的手将一个墨西哥圣人的坠饰放在她身上，为她祈福。金斯伯格后来梦见琼问候老朋友们，并告诉他说她要继续"在西方"找寻"新的爱情"。

巴勒斯不断地回想这件事，甚至打算为此写点什么，但是他做不到。他害怕。在1954年的一封信中他描述了那最恐怖可怕的一幕，没有发现什么"无意识的意图"，而是某些更古怪的东西，好像大脑莫名其妙地将子弹拽过去了。

然后他感到内疚、隐约的自责和未知的力量。也许几年前，巴勒斯过去的精神分析师费登医生的看法很巧合但也很贴切，除了手误、口误，如今还要加上一条枪误。

巴勒斯逐渐意识到，在他枪击琼的时候，他邪灵附体了，他明白不是人人都能接受这种说法。45年后，他在日记中写道："他们无法真正理解精神分裂和灵魂附体……如果你跟任何一位女权主义者说我是在灵魂附体的情况下向琼开枪的,她一定会尖叫:'胡说八道! 没有这样的事。是他干的。'回顾过去,他写道:

> 我被迫得出一个可怕的结论:如果不是琼的死,我永远不可能成为作家……我将永远面临灵魂附体的威胁,总是需要逃离占有、脱离控制。所以琼的死使我接触了丑陋的灵魂这个入侵者,使我开始了终生的挣扎。我别无选择,只能把自己写出来。

在这一点上,这是一个决定性的事件,强化了巴勒斯自我意识屈从于占有欲的前启蒙主义的观点,比弗洛伊德学派更早,但是就其写作生涯来说,这是不诚实的。撇开少年读物不谈,他已经与埃尔文斯合作写过《美国最后之日》、与凯鲁亚克合作写过《河马》,自从 20 世纪 50 年代初,在金斯伯格和凯尔斯·埃尔文斯 [为了向医学院的埃里希·弗罗姆(Erich Fromm)学习心理学,他与妻子搬到了墨西哥城] 的鼓励下,他已经开始用自己的吸毒经历进行创作。

巴勒斯的第一本书《瘾君子》非常出色,但却找不到出版商愿意出版。别人写不出这样的书。试想一下,他刚刚还在讲述那些“暧昧或变迁”的毒品区域的故事,突然间又开始刻画一个可能在附近见到过的神秘人物,如东方人,很可能是埃及人:

> 基本上,他是下流的,可能干过各种卑鄙的勾当。他身上有着某种已经不复存在的行业或职业的痕迹……
> 在这个他曾经做过的不堪的老营生的地方,这个人不断地走来走去。但是他很平静。他的眼睛是黑色的,眼神中透出一种如

昆虫般视若无睹的镇定。

看起来他好像在犒劳自己，像是用吸管吸着蜂蜜和糖浆。

他以前是干什么营生的呢？他肯定是个仆人，做的事情肯定与死人有关，不过他不是殓尸官。也许他在体内储存了某些东西——能延年益寿——主人们定期从他身上榨取。说到某些不可思议的卑鄙的职责，他的表现如昆虫一样专业。

双日出版社的一位高级编辑拒稿，他说："只有一种情况可以，即作者是个重要人物，比如温斯顿·丘吉尔。"

最后金斯伯格向在精神病医院住院期间遇见的朋友卡尔·所罗门（Carl Solomon）举荐了《瘾君子》。所罗门的叔叔 A.A. 温（A. A. Wyn）经营着王牌图书公司旗下的一个追求轰动效应的平装书出版社，所罗门也在那儿有份工作。完成《瘾君子》之后，巴勒斯开始写作他与马克去秘鲁的旅行，暂时取名《酷儿》。这本书与《瘾君子》截然不同。《瘾君子》的创作在琼死前就已经完成，采用第一人称叙事，其中巴勒斯对毒品的态度冷静、新潮；《酷儿》则采用第三人称叙事，主要是谈一个脆弱、不幸的男人（琼的死亡完全在幕后没有提及），他已经远离毒品，情感绝望，因为暗恋而崩溃。

结果，《酷儿》直到 1985 年才出版，不过，起初王牌图书公司希望同时出版两本书，但是，好事多磨。所罗门打算给这本书起名《死基佬》（Fag）。1952 年 4 月，巴勒斯写信给金斯伯格：

你跟所罗门说，我不介意别人叫我酷儿①。T. E. 劳伦斯和各式各样的右翼分子（或者称为男孩子）都是酷儿。若要称我为死

---

① "酷儿"由英文 Queer 音译而来，原是西方主流文化对同性恋的贬称，有"怪异"之意。

基佬，除非我看见所罗门被阉了。我才看不上他们，我们坚强、高贵、有男子气概，而他们是跳梁小丑，是弄虚作假的混蛋。

1952 年晚些时候，巴勒斯的流氓律师开着鱼尾式凯迪拉克行驶时与另一辆车发生了极小的事故，驾驶员是位 17 岁男孩，胡拉多向他开了枪。伤口很小，但是这个男孩后来感染了破伤风导致死亡，于是胡拉多逃出了那个国家。

没有了保护伞，胡拉多的律师事务所开始不断地敲诈巴勒斯，于是他决定效仿胡拉多。1952 年 12 月，他与一位熟人特克斯·里德尔（Tex Riddle）（又称"托洛茨基主义者特克斯"）开车前往美国。特克斯当时因"伪造支票"或开空头支票被通缉。特克斯提议抢银行，然后潜藏到玻利维亚，但是巴勒斯不同意，他到父母家安然度过 1952 年圣诞节，并与小比利团聚。

王牌图书公司透露，他们正计划出版《瘾君子》，不过要与另一本书出合订本，即"双 A 系列"，那是一个联邦缉毒探员的回忆录，不过巴勒斯根本无所谓。他决定再赴丛林，继续寻找南美卡皮木。1953 年 1 月，他去了巴拿马，比尔·加弗也在那儿，很容易弄到止痛药。加弗提议在那儿办农场养猪，巴勒斯则想象如果他们两人去当农夫，加弗会整天半昏迷地坐在凉台上。

巴勒斯在巴拿马的美国医院做了痛苦的痔疮手术，住院期间他又尝试戒毒。与加弗不一样，他对毒品爱恨交加，他写信给金斯伯格，称离开毒品他觉得好多了。这一次，什么也阻拦不了他踏上旅程，寻找南美卡皮木或死藤或南美卡皮根碱，寻找"像丛林一样展开而不是缩小的原始的迷幻感"，他在《瘾君子》的末尾如是说。

巴勒斯从巴拿马去了波哥大，接着又沿着哥伦比亚和厄瓜多尔之间的普图马约河前行。后来，金斯伯格这样总结他的南美（哥伦比亚、厄瓜多尔、玻利维亚、秘鲁）之旅——"丛林和玻利维亚土屋小镇上路的尽头是康拉德式的绝望。他去那儿试验当地巫术和毒品，有点像亚哈①的探索。"——巴勒斯将自己的印象写入了《死藤水信函》，里面充满狭隘的黑色幽默、阴魂不散的游记以及他特有的夸张，有时又极其微妙。他对波哥大哥伦比亚大学植物学系的叙述就略为离奇，那里面有上了锁的、没有铭牌的办公室和落满灰尘的走廊，他得爬过板条箱、植物学杂志和填充式玩具动物：

> 人们不停地把这些东西从一个房间挪到另一个房间，原因不明。他们从办公室冲出来，在过道的垃圾里翻出某样东西，搬回自己的办公室。搬运工人则坐在板条箱上抽烟，跟大家打招呼，喊他们"博士"。

正是在这儿，他遇到了理查德·舒尔特斯（Richard Schultes）（《死藤水信函》中辛德勒博士的原型），也出身哈佛，是一位致幻植物领域的传奇式权威。

巴勒斯去了莫科阿和利蒙港，他在那里碰到一个老巫师准备用南美卡皮木进行冷水注射。起初巴勒斯觉得它比大麻类的体验更强烈，包括提高性欲和产生焦虑。随后的经历使他确信这东西恶心又吓人，最好手头准备好具有镇定作用的耐波他，不过该结论并不确定。

他一度想象过那是一座有南美死藤的传统城市：印度人曾经报道说见过那样的城市，巴勒斯好像在一本男性杂志上读到过。在叙述自身经历时，他将那篇文章写了进去，部分是记录，部分是调侃，称一个丹麦探险家报道说，自己遇到了个巫医，对方"在死藤水产生效果的

①亚哈是古代以色列国王第八任君主。——译者注

情况下，详细描述了哥本哈根的商业区，甚至写出了路标，不过在正常状态下，这个巫医其实是个文盲"。

由于旅游护照发生错误，哥伦比亚领事将时间1953年误写为1952年，巴勒斯遇到了麻烦，在阿西斯和莫科阿被当地警方扣留。

祸不单行，他感染了疟疾，遭遇了小偷，还遇到了术后问题。用巴勒斯圈子里的行话说，医生是"郎中"，他向金斯伯格抱怨说："在巴拿马，那个该死的郎中搞砸了我的事情。"

巴勒斯只好回到波哥大，但他还是决心回到丛林。这次舒尔特斯果断给他休假，帮他找到机会加入莫科阿考察团（英国—哥伦比亚的莫科阿远征团）。其中有个英国人保罗·霍利戴记得他是一个"瘦高个儿，无精打采，有点悲观，担心自己会在普图马约附近发烧；不过话多，冷淡有趣，是个讨人喜欢的人"。巴勒斯从未去过英国，他也在观察英国人，在谈到远征团中的哥伦比亚植物采集者时，其中有人对他说："他们在乎的，就是能不能找到大麻！"

巴勒斯在改变。他的政治态度正走向成熟；他不再使用"自由主义者"这个词指称南美的滥用药物，他注意到南美的保守派极其丑恶，那儿聪明可爱的人必定是自由主义者。在第二次寻找死藤水的征途中，他给金斯伯格写了一封信，日期是1953年5月23日，内附他的第一篇成熟的书面"小品"——此时他还称之为"调侃"——《罗斯福就职后》。

这个小品与真实的罗斯福没有关系，但是它想象一个贪腐至极的总统为一个卑微的亲信安置了政府职位，任命一个蒸汽浴服务员为联邦调查局的局长。新政府设立了"告发密友周"和"骚扰儿童周"，还组织了"年度最全面发展之恶人比赛"。

"罗斯福当然对这种憎恶人类的现象感到极为震惊，因此他希望能完全颠覆这种局面。"巴勒斯写道。小品最终以罗斯福凝望天空收

寻找死藤：巴勒斯在哥伦比亚丛林，1953 年

尾:"'我将让这些混蛋乐于变化。'他一边说,一边看向天空,似乎在寻找变化的新前沿"数年后它一出版就立刻遇到了法律问题。

最终,在 1953 年 6 月和 7 月,巴勒斯全面体验了死藤水。事后得知,冷水注射不够充分,还需要再添加两种植物来激活它。6 月 18 日,他写信给金斯伯格,称死藤水不同于大麻或其他任何东西。前天晚上,他才体验过这神奇的东西,简直无法用语言形容;他说要是自己能画画就好了,可以画出来。他觉得自己被一个蓝色的精灵附体了,它有着南太平洋的气息,比如复活节岛或毛利岛,还有一张古朴嬉笑的脸。他还觉得自己当时性欲特强,而且是异性恋的。

至 7 月 8 日,他已经体验了 5 次左右。房间就像是一家近东的妓院,有蓝色的墙和红色的灯。漂亮的蓝色的物体在流淌,古朴嬉笑的脸是蓝色的,上面有金色的斑点。巴勒斯觉得自己那双顾长、笨拙、偏瘦的双腿变得圆润了,有波利尼西亚人的特点。他变成了个黑人女子。房间看起来像是近东地区的,又像是波利尼西亚的,有奇妙的亲切感。好像一切都在扭动,有某种秘密的生命。在轻度中毒时,周围环境似乎是东方的,但是在深度中毒时,又变得更像南太平洋风格。

巴勒斯说,服用死藤水是一场时空旅行。也许这便是最初感到恶心的原因:死藤水起初引起的恶心实际上是转换到死藤水状态的"晕动症"。巴勒斯记得赫伯特·乔治·威尔斯(H. G. Wells)——他认为这是一位被低估了的作家——曾经在《时间机器》(*The Time Machine*)中描写过因时空旅行引发的这种无法描述的眩晕。

为了努力描述自己所体验的一切,巴勒斯至少 3 次提到要是自己会画画就好了。他欣赏保罗·克利的作品,后者的画作似乎天然有生命。克利有一幅画让他想起了死藤水,即《轻率》,它"准确地画出了我在普卡尔帕市服用死藤水并闭上双眼之后见到的景象"。1938 年,这幅画在纽约布赫尔兹画廊,但是巴勒斯很可能是从丹尼尔-亨

保罗·克利于 1935 年创作的水彩画《轻率》。巴勒斯告诉金斯伯格，它"准确地画出了我在普卡尔帕市服用死藤水并闭上双眼之后见到的景象"

利·康维勒（Daniel-Henry Kahnweiler）的专著《克利》（*Klee*）中看到这幅画的，那是一幅彩色复制品。这幅画创作于1935年，主要是赭色或红棕色，背景色黑暗，突出一堆混乱厚重的曲线，这些曲线有点像肠管或肌肉，有一种不可名状的黑夜的回旋感，背后一侧仿佛潜藏着一张脸，像悬吊着的幽灵一样。

对巴勒斯而言，另一个可以与死藤水体验相提并论的是法国诗人圣–约翰·佩斯（Saint-John Perse）的作品。巴勒斯在南美笔记上这样写道："圣佩斯。这是死藤水。诗歌。"佩斯不仅是名出色的作家（"大饭店的地下室可见流亡在外的女王的文身和垂死的猴子的摇篮/戴着头盔的放射科医生坐在婚床的边沿/绿色水域里海绵渔夫们轻触大理石女孩和拉丁青铜/森林里的说书人……"），而且在很多方面与巴勒斯非常相似，并同样精神错乱：

> 地上的螃蟹吐着泡沫，举着钳子穿过沿海的老农田，冬日的农田都被围着，就像捆在一起的失效电池。棕色的蟑螂待在音乐室和谷仓里；黑色的毒蛇则待在弥漫着樟脑和柏树味的洗衣房里，蜷曲在清新的亚麻布上。
>
> 清晨，歌剧演员的黑玫瑰顺着被黎明污染的河水漂浮，漂在红黄的酒精和鸦片中。在废弃的露台上，寡妇们的铁门匆忙而又徒劳地抬起了珊瑚闸门。
>
> ……红土的展区、黑石的门廊和书库里的背光区；放置化工产品的凉爽之地……街上有一个人独自在唱歌，他们那些人在眉毛上画着神的暗号（在这个空旷的垃圾街区，总是能听到昆虫的爆裂声）……

佩斯的名作《阿纳巴斯》（*Anabasis*）的内容和风格与"迁徙以

1953 年 9 月，巴勒斯在金斯伯格的公寓里阅读圣-约翰·佩斯的作品，金斯伯格拍摄

及穿越沙漠、丛林和高山的长途旅程"一脉相承，不过后者只是巴勒斯描述死藤水迷幻状态的一行字。

1953 年，巴勒斯在金斯伯格的公寓里阅读佩斯的《出口》（*Vents*），这本书于当年出版了英文版《风》（*Wind*），此前他已经把《阿纳巴斯》作为礼物送给了金斯伯格①。似乎因为服食过死藤水，又读过圣-约翰·佩斯的作品，才促使巴勒斯在《死藤水信函》的末尾写"城市"：

> 尖塔、棕榈树、高山、丛林……广阔的公园里种植着大麻，男孩们躺在草地上或玩着玄妙的游戏……有桌子和棚子、酒吧、房间、厨房、浴室，一排排的铜床上可见交媾中的夫妇，还有上千个纵横的吊床，瘾君子们都忙着吸食鸦片或大麻……赌桌上正下着不可思议的赌注……城市里所有的房子都是连着的。高山蒙古人的草屋闪闪发光，门口烟雾缭绕，还有竹子和木头建的房子……南太平洋风格的毛利人的房子、树屋和船屋……锈蚀的大型铁架耸立空中，高出沼泽和垃圾 200 英尺，错层的平台上建有危险的隔墙，中间的空隙里还有吊床在摆动。
>
> 探险队带着不为人知的目的前往不为人知的地方……高山长笛、爵士乐、比波普爵士乐和单弦蒙古乐器……秃鹰啃食街上无人照看的尸体……白化病人在阳光下闪闪发光，男孩子们无精打采地坐在树下手淫……害病的乞丐住在城市下方谜一样的地洞里，从人头攒动的咖啡厅里推开某处的地板钻出来。
>
> 已经淘汰的不堪想象的行业的拥趸们用伊特鲁里亚语涂鸦，药物成瘾还没有发生……第三次世界大战中黑市商人投机，摊

---

① 1953 年 9 月 1 日的照片上金斯伯格的照片说明中的信息；金斯伯格留存。

贩销售辐射病疗法，调查员调查乏味多疑的棋手揭发的违法行为……有人销售生命力箱子和放松机器，有人以中间人身份安排瑰丽的梦境或用毒品反应致敏细胞来测试记忆……

1953 年夏天，巴勒斯短暂回到墨西哥城。他觉得自己不像离开了几个月，倒像离开了几年。大家都发生了很大的变化：琼和小比利、瘾君子戴夫、胡拉多、安杰洛和马克。

想起寻找死藤水的过程，巴勒斯觉得自己像多余的亚哈船长，仿佛他刚刚结束对白鲸的追寻，结果回来却发现妻子和情人都抛弃了他，找了别的男人，甚至没人想听听他都经历了什么："当然，杰克，白鲸……是啊……对不起，我约了人。"

他很想念那个墨西哥男孩安杰洛。他能想象出他穿着绿色的短上衣，"热切而又清脆，像个迟到的推销员"。他记得他那么没有心机，那么好脾气，"甜美而忧伤……他总是在（公寓）附近帮忙，他也希望我能帮他，如今我想帮他了，可他却走了"。

他到处打听马克，得知不久前他还在，就像注入了无尽的忧伤一样，"痛苦如寒意般扩散，停留在肺部，在心口盘旋"。他肯定收到过巴勒斯的信件。"为什么他从不回信？"巴勒斯不愿放开马克，他为马克构思的最后一个漫画小品是《调查员》（ *The Skip Tracer* ），很恼人地说到了点子上：巴勒斯的追求令人讨厌，但他却是那么执着，简直可以与怎么也躲不过的"友好金融"公司相比。

他做过一个梦，梦里马克离开了，但马克问到了死藤的事情，这从两方面令他感到欣慰：一方面他想提供信息；另一方面他离开了，所以他没能回信。但巴勒斯醒来以后，感到很孤苦：南美之行不仅使他心力交瘁，而且还是一场"灾难，它使我失去了我看重的一切。记忆的碎片像白天的噩梦一样漂回来"。"一切都回不来了，"他写道（引用麦克白夫人的话），"费尽了一切,到头来还是一无所得。"

巴勒斯感情上及时止损,于 1953 年 8 月离开墨西哥城。他回到父母在棕榈滩的家里逗留了几天,然后又到纽约金斯伯格那里待了 3 个月。《瘾君子》刚刚出版（当时书名叫 Junkie）,第一年销量超过 10 万本,但却没有收到一条书评。不过金斯伯格和凯鲁亚克非常喜欢这本书,凯鲁亚克还稍显离奇地（当时并未采用）为这本书宣传,称它是"博学又邪恶的、像戈林那样的老油条"写的作品。巴勒斯倒是很愉快地发现合订本中另一本书的作者缉毒探员莫里斯·海尔布兰特（Maurice Helbrandt）没有他想象的那么糟糕。

他在金斯伯格的帮助下,开始创作《死藤水信函》。这部作品是他南美之行的小说版,读起来很像真正的信件,但其实是从散文草稿改写成书信体的。凭借死藤水的体验,这部作品呈现了一个具有佩斯风格的地方,成了《裸体午餐》的萌芽。在 1992 年两位著名老作家的谈话中,金斯伯格说:

> 最早,1953 年底,我们在编辑《死藤水信函》,那时你写的便条
> 中就能发现中间地带和那个市场（《裸体午餐》中的重要部分）的
> 影子。我一直认为,中间地带约会咖啡馆是《裸体午餐》的种子。

"是的,"巴勒斯说,"绝对是。"

关于中间地带,后来又以金斯伯格公寓周围的地貌为原型以疯狂而梦幻的方式大肆夸张,巴里·迈尔斯写道:

> 中间地带是未来一种让人激动的城市,各个楼层均由网络
> 状的狭小通道相连接,其灵感来自艾伦家后院里的消防梯和晒衣
> 绳……后院两侧的消防梯面对面,晾衣绳则在楼与楼之间相连:

公寓楼每一层的消防梯和晒衣绳都是相通的。比尔设想未来的城市里有狭小通道、宽阔行道和消防梯,有迷宫一样的巷道和走廊,城市很老旧,曾经一层层地向上加盖过……

也是在那段时间,似乎通过金斯伯格,巴勒斯的很多"插科打诨""短剧"和"素描"被重新归类,有了明确的身份,即"小品"。他们通力合作,巴勒斯曾经在马克身上追求的与另一个人融合的愿望如今转移到金斯伯格身上,并贴上了新的标签:"迎合"。巴勒斯希望他们两人一起"自觉迎合"生成一个共生体,这种愿望后来在《裸体午餐》中有关毒贩、倒爷布莱德利(Bradley)("迎合……迎合……迎合……")的小品中变得可笑又可憎,这个人物最终只得被灭火器消灭了。

金斯伯格和巴勒斯那时是性伴侣,巴勒斯当时 39 岁,金斯伯格 27 岁,而且年长的巴勒斯并不是金斯伯格喜欢的类型。用泰德·摩根的话说,金斯伯格觉得与巴勒斯做爱太奇怪而不能满足。对巴勒斯来说,性行为使他经历了奇妙的转变。这个内敛、嘲讽、阳刚的男子变成了一个易动感情的、陶醉而又多情的女人。这种变化强烈又惊人,艾伦感到了惊恐……他似乎完全融化了,换了另一个身份,他在伍伯格医生那儿做精神分析时说过,他成了某个熟悉的女性类型……多情又浪漫、脆弱而幽怨……

金斯伯格则说,巴勒斯有一颗"柔软的心",通过自觉式的迎合,他想要的不外乎"最终达到心电感应式的心灵结合"。金斯伯格突然无法忍受了,他冲口而出"我才不想你那丑陋的性器官"。他后来回忆:"那严重地伤害了他。""……好像身体完全拒绝了他,但我其实不是那样想的。仿佛猛击了他的心脏……我当时疯了,从那以后我一直很后悔。"

金斯伯格拍摄的巴勒斯和狮身人面像，纽约大都会博物馆，1953 年秋

　　巴勒斯曾经一度想去丹吉尔。1953 年 12 月初，他离开了纽约。他把自制的"生命力累加器"箱子留在金斯伯格的公寓里，突然显得很可笑，又有些可怜。

　　巴勒斯经罗马去了丹吉尔，他和威斯坦·休·奥登（W. H. Auden）的前秘书阿伦·安森一起去的罗马。据安森说，在罗马，巴勒斯读完戈尔·维达尔（Gore Vidal）的《巴黎审判》（*The Judgment of Paris*）之后，就打算"完全堕落"，然而现实令他感到冰冷又失望。他的性格盔甲又回来了，至少大部分时间是这样。安森被罗马感动了，巴勒斯在很大程度上则完全相反，他特别喜爱喷泉。他写信给金斯伯格说，特莱维许愿池真棒，"就连老朋友仙人掌也会融化"。

第六章
丹吉尔和《裸体午餐》

对巴勒斯而言，丹吉尔的吸引力可以用一句话概括："解脱。不再受干涉……私生活属于自己，你完全可以随心所欲。"他于1954年1月到达丹吉尔，住在拱门街1号，靠近男性妓院"索科男孩"，又称"荷兰托尼之家"，是由一个叫安东尼·雷霍斯特的男人经营的。

丹吉尔的文坛老前辈保罗·鲍尔斯（Paul Bowles）这样写道：

> 如果说丹吉尔给我的印象是一个梦幻之城，那绝非虚言。它地形丰富，有梦境原型：街道有顶棚，看起来像走廊，两边有门通向室内，隐形的阳台高高矗立在海平面之上，在街上就能看到楼梯、黑暗的死胡同、斜坡上的小广场，简直就像设计错了的芭蕾舞台，周围有小径通向四面八方；同时还有经典的梦境元素：隧道、堡垒、废墟和悬崖。

巴勒斯看到的景象相差无几，不过在他眼里又有一番风味：丹吉尔似乎存在"多个维度"，行人总能发现以前从未见过的街道、公园和广场。在这里，"现实与梦境交汇，梦境照进现实"。

巴勒斯跟凯鲁亚克透露，他十分想念金斯伯格。金斯伯格没有给他写信。1954年4月，巴勒斯写信给凯鲁亚克，称不知道自己"如此迷恋他。失去他比失去马克还要痛苦。只要一封信就能治愈我……"。

与此同时，能够治愈巴勒斯的还有一种特别上瘾的鸦片制剂，即优可达。丹吉尔的药店就能买到，这很快就成了巴勒斯的习惯。

凯鲁亚克对佛教很感兴趣，巴勒斯也一度很喜欢佛教：他还向凯鲁亚克介绍说藏传佛教十分有趣，建议他加以"挖掘"，但是如今巴勒斯一概否认。他认为对很多人而言，佛教是一种"精神寄托"，但是他目前的情况正好相反：

> 作为人，我们从人类的爱和痛中学习。没有哪种爱或情感会使我们免受伤害。我们有责任去承担风险，毫无防备、毫无保留地去爱和感受。

巴勒斯还建议凯鲁亚克不要放弃性，他说自己已经对性失去兴趣，再也不会享受性爱了。

巴勒斯的性生活得到了改善，他不久遇到了西班牙男孩奇奇·恩里克（Kiki Enrique）或称亨里克（Henrique），在接下来的几年里，他是巴勒斯固定的临时伴侣。他们之间没有严肃的交谈，他不是金斯伯格的替代品，但是至少巴勒斯获得了性满足和哲学意义上的宁静，他写信给凯鲁亚克，补充说，在道洛芬的有效利用方面，他也有"东方的智慧"。

在丹吉尔，巴勒斯年届40岁，无论在私人生活还是职业方面，他都面临危机。他靠父母生活，从来没干过几个月以上的真正工作，出版过一本书，却没有获得好评，在社交方面，他觉得自己孤立、失宠，他说自己总是没有朋友：

> 他们把我当作吸血鬼，说我用礼物、金钱或小品、断指去收买他们。即使我为了某位朋友而丧命，他也可能会说："哦，他想

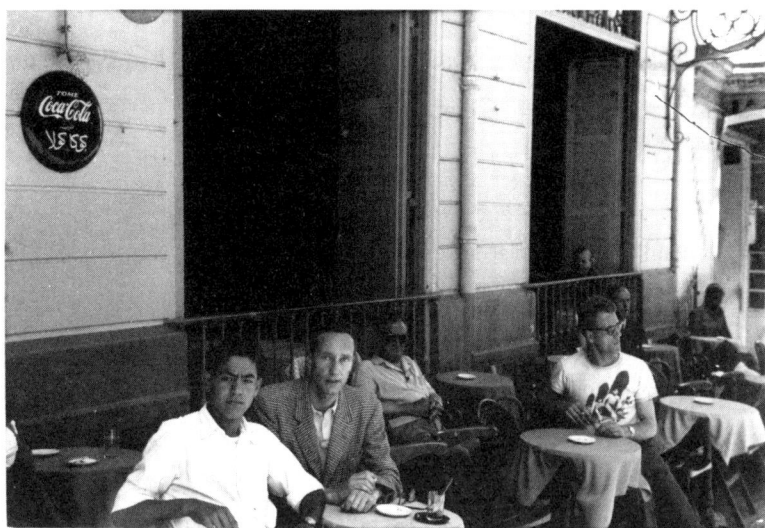

巴勒斯和奇奇·恩里克在丹吉尔，金斯伯格于 1954 年拍摄

用那条贱命来收买我。"

"失败是个谜，"他在《李的日记》中写道，"男人不会与时间、空间充分融合。"他觉得他本可以成功的——作为一名罪犯、精神分析师、企业经理人、毒贩、人类学家、探险家，甚至是斗牛士，但是从未碰到过那样的环境，相反，他一直"像个鬼"一样在世上穿行。他感到某种恐惧，一种"堕落、失败和终级孤独的预兆"，未来的自己可能"只是酒吧里一个年迈疯狂的令人讨厌的家伙"。

巴勒斯没有接触到丹吉尔的上流社会，即以伍尔沃斯（Woolworth）女继承人巴巴拉·赫顿（Barbara Hutton）和侨居此地的英国贵族和社交权威戴维·赫伯特（David Herbert）（"丹吉尔女王"）等人为首的圈子。那里也没有作家聚居地，即便有，他也不知道。他觉得自己被保罗（Paul）和简·鲍尔斯（Jane Bowles）（他在一封信中，以这两个人为主体，创作了一个漫画小品："米格尔斯抬头看向丈夫。她使劲地嗅了下：'你又去翻腐尸了吗？'"）等人忽略了。

巴勒斯向凯鲁亚克抱怨，鲍尔斯邀请丹吉尔"最无聊的女王们"去喝茶，却从没邀请过他。鲍尔斯、画家布里昂·基辛（Brion Gysin）以及很多其他文化人物似乎对他没有兴趣，他觉得自己被他们排斥了。

这主要是巴勒斯自己的想法，最后当他认识鲍尔斯之后，他发现鲍尔斯与他极有共鸣。布里昂·基辛则更是如此，尽管在丹吉尔感觉不太愉快，但他后来在巴黎期间却完全迷上了基辛。基辛爱说长道短，是个"到处乱窜、很偏执的人"，试图切断巴勒斯的社交。巴勒斯曾经对基辛"视而不见"，使基辛没有机会不理睬他（他"弄懂了这伙无聊家伙的习惯"）。而且，基辛是个势利鬼，这很符合他作为"一千零一夜"餐厅老板的职业身份，巴勒斯以他为原型这样刻画

"阿尔格伦"（Algren）：

> 阿尔格伦是位时尚的餐厅老板，他看起来很好，介于冷漠和亲切之间，分寸拿捏得恰到好处……昨天晚上，衣帽间里堆满了貂皮。他说，丹吉尔有很多钱……有个富婆挂出了值钱货。阿尔格伦一点钱也没有，但是他是那种可以装作很有钱从而真的变成有钱人的人。阿尔格伦热衷此道。他有一种偏执的自负。他这个人从来不会为谁说句好话，经营时尚夜店的人本该如此。人人都想成为例外，成为他真正喜欢的那个人。

既然与丹吉尔的上流社会没有交集，那么巴勒斯注定要留在满是流浪客、怪咖、骗子和局外人的世界，他在"国际区"（International Zone）中有记载。他认识英国流氓保罗·伦德（Paul Lund）；他觉得澳大利亚记者乔治·格里夫斯（George Greaves）是他遇到过的最腐败的人，巴勒斯喜欢模仿他说"目光要长远，看问题要全面"。

巴勒斯还结交了一个名叫埃里克·吉福德（Eric Gifford）的英国公学的人，此人非常倒霉，无论做什么都不成功。巴勒斯觉得他是从事毛皮兽饲养业或饲养青蛙的那类人，他在一次养蜂场投资中失去了所有的积蓄。在健康和性方面，他的运气也好不了多少，他是《裸体午餐》中"倒霉的列夫"的灵感来源。吉福德参与偷窃旅行支票，巴勒斯想象他被逮捕时被这样问："你是埃里克·特雷弗-奥姆-史密斯-克赖顿（Eric Trevor-Orme-Smith-Creighton）吗？绰号臭虫？"

布莱恩·霍华德（Brian Howard），很大程度上因为他是伊夫林·沃（Evelyn Waugh）的作品《旧地重游》（*Brideshead Revisited*）中安东尼·布兰奇（Anthony Blanche）的原型而闻名，在经历了一

辈子的失败和捧高踩低之后也来到了丹吉尔（他曾经在一个战时夜
总会被警方质询，他说自己名叫布莱恩·霍华德，"我住在梅菲尔。无
疑你来自某个乏味的郊区"）。在一次意料之外的文学活动中，他成了
巴勒斯的朋友，他在一封信中这样描述巴勒斯："他人很不错，有点啰
唆，出身哈佛，40岁，正在服用德国人在战争期间发明的这种新药，
努力戒掉吗啡的瘾。"

> 可惜效果似乎太强了，这种药本身好像比吗啡更可口，他现
> 在整天奔波于各大药房购买此药——当然也花光了所有的钱。
> 我自己也试过了……
> 真的非常惊人……你完全不想再喝酒（对我来说，很棒），
> 游走于亲切的梦中……在这里不需要药方就可以买到……我
> 完全看不出来它对身体有任何害处。同时，因为那感觉宛若天
> 堂——我觉得它可算是一种新发现。①

巴勒斯喜欢霍华德，巴勒斯从霍华德这位读者身上获得了很大的
安慰："布莱恩确实深读了我的作品。"遗憾的是，巴勒斯把道洛芬介
绍给了霍华德，当他发现霍华德上瘾并不断"暴露"镇上每家药房的
交易地点之后，他知道自己创造了一个怪物。

巴勒斯自己的毒瘾也很糟糕。他每两个小时注射一次，并且发现
优可达效力相对较弱，但却比道洛芬更易上瘾，仿佛那种不是太热的
热水浴：吗啡有饱和点，像吃饭一样，但是优可达更像抓痒。现在他把
针头穿过溃烂的皮肤直接扎入血管，皮肤上开裂的疮则像是一个个恶
心的小口子。

---

① "致约翰·班廷（John Banting）的信"，大约是1954年3月，收录在《布莱恩·霍华德》
（Brian Howard），兰卡斯特（Lancaster）编著，第529—530页。

不可避免地，虽然他觉得有很多想法快要成型了，但却写不出什么东西。这些想法大多出现在写给金斯伯格的信中（在 1954 年 6 月写给金斯伯格的信中，他说："也许真正的小说就是写给你的这些信"），还有一些特有趣的创意从未写成书，比如"麻风病患者的时尚"：

> 在一套非常时尚的公寓里，住着两个优雅的男同性恋者……
> 甲：（闯进房间）"亲爱的，你怎么也不会想到我得了什么……实验报告出来了……麻风病！"
> 乙："你真的很中世纪风啊！"
> 甲："我要穿上安东尼设计的斗篷。绝对真品。我还要戴个铃铛……"

这个小品的总体观点有深度，巴勒斯试图加以阐明。它不仅仅是象征或表现，而是随时"自觉迎合走进'现实'的行为（比如砍断指关节等）。从某种意义上说，就希特勒而言，整个纳粹运动就是一个很大的、缺乏幽默感的、邪恶的小品"。

1955 年 2 月，在给金斯伯格的信中，他附上了小品"屁眼讲话"（Talking Asshole），后来出现在《裸体午餐》中。从主人的裤子中走通了路子之后，它"开始在大街上谈话，大喊自己想要平等的权利。它也会喝醉，也会哭着说没人爱它"，直到最后完全接受。巴勒斯惊异于自己作品的怪诞：简直像是一个敌对的独立个体的"自动写作"。他仿佛在说："我高兴怎么写就怎么写。"

从更传统的层面来看，早期的作品有"主题"，是对科学和专制控制的人文精神的威胁，甚至背后还更险恶：

> 控制、官僚和管辖都只是政治或经济纲领无法触及的深层疾病的表征。这种疾病本身是什么？

巴勒斯不清楚。但是这次他虚构了一个惊悚片风格的情境，其中，邪恶的科学家们设计了一种杀梦药物，这种药物可以切除内心自由、主观性的全部重要资源、创造神话与艺术的直觉和象征部位。随着相应维度的切除，人将变得如同机器上的通用件。巴勒斯的主人公形象和他虚构的伙伴们都致力于反对这个阴谋，试图毁掉药物的配方。其中有一幕，巴勒斯刻画的人物被逮捕，由于在实验中使用了豚鼠，他被两名警察带走，后来他开枪打死了那两名警察。这便是《裸体午餐》中"豪泽和奥布莱恩"的雏形。

巴勒斯在信中将这些想法告诉了金斯伯格，二人共同创作了虚构的《阴谋》(*The Conspiracy*)，最终作为《中间地带》的一部分出版。杀死豪泽和奥布莱恩之后，主人公在纽约逃亡，与一位名叫玛丽的女人躲藏在哥伦比亚大学附近。一如以前，他告诉玛丽，有时候火车鸣笛、烧焦的树叶、街上传来的钢琴声会令他产生某种感觉。他认为这种微妙的、转瞬即逝的体验可以通过某些变化因子加以可靠的复制。相反，他说，科学家们现在已经完善了杀梦药物，因此：

> 现在有可能消灭乡愁，切断全部的梦想和象征能力……切断每个人得以独自生活和与其他生命相联系的神奇接触和反抗力量。他成了机器人，成了政治和经济等式中的一个可以更换的数量。

这是一个毕生关注的问题。在他 30 年后写的《死路之处》中，巴勒斯笔下的年轻人金姆明白，梦想"在空间上与我们的生物命运和精神命运有着重要的联系。失去了这种联系,我们就死了"。故事的背景是在西大荒时代。金姆进一步懂得,"杀死一个人或一个国家的办法就是切断其梦想",白人就是这样对待印第安人的:"杀死他们的梦想、巫术和灵媒。"

在 20 世纪 50 年代中期,如果真有想象的杀梦药物,那也应该有解药,即理想的好药,在"阴谋"中,巴勒斯笔下的好药就是南美卡皮根碱或心电感应。

与此同时,优可达成瘾使他几乎无法工作。奇奇照料他戒过一次毒,他还花钱请埃里克·吉福德适度减少药量供应,甚至帮他保管衣服(结果巴勒斯偷了另一名房客的衣服,逃到药店)。

还有一次,为了节省道洛芬,他自己注射亥俄辛(hyoscine),结果发生了不良反应,半夜在过道里被人发现赤身裸体坐在扭断了的马桶圈上,一边还唱着"得州深处"那首歌。

尽管读来轻松,这在当时并不好笑,与之相对应的,是他的深度毒瘾,《裸体午餐》的附录"证词:关于一种疾病"中有记录。他已经离开了"荷兰托尼之家",搬到了本地居民区,即旧城区。巴勒斯现在可以花 8 个小时盯着自己的鞋子,定期在灰色纤维状的肉里扎一针。他从不洗衣服,也不换衣服,裤子上的尘垢已经发亮了。难得有客来访,即使客人来了,他也漠不关心,任他们在视野里飘进飘出。他说,如果他们死了,他可能会在那儿等着翻翻他们的口袋。

巴勒斯早就听说伦敦有一种新疗法,1956 年春他用古龙水瓶子装了一瓶毒品溶液,然后不顾一切地乘飞机去找约翰·耶布里·登特(John Yerbury Dent)医生,后者让他重获新生:"如果不是登特医生的治疗,我不会写出《裸体午餐》。"

登特医生的小诊所位于艾迪生路 34 号,荷兰公园路的转角(如今已经改建)。登特说明了治疗方法之后,巴勒斯去了克伦威尔路上的附属疗养院（"三楼贴着玫瑰花墙纸的房间"）。登特曾经发表过《人类机器的反应》（*Reactions of the Human Machine*）和《焦虑及其治疗》（*Anxiety and its Treatment*），他是《英国瘾癖杂志》（*British Journal of Addiction*）的荣誉编辑和酒精依赖症治疗专家。他的治疗方法主要是一种名叫阿扑吗啡的药物，就是将吗啡放在盐酸中煮开；它不是兴奋剂，会引起严重的呕吐，通常用作厌恶疗法的催吐药，但是登特——包括后来的巴勒斯——认为其作用远不止于此；他认为它能够作用于大脑，从而调节新陈代谢，真正消灭成瘾机制。

登特取得的很多成就必定源于他的性格和他对病人的关怀。巴勒斯觉得戒毒是种折磨，但他对登特赞不绝口。在1956年写给金斯伯格的信中，他说，登特对死藤水和玛雅考古感兴趣，当巴勒斯睡不着觉的时候，他会坐在他身边陪他聊天，直到凌晨5点。巴勒斯一周之内即告治愈，他对这一疗法印象深刻：数年后保罗·鲍尔斯注意到，"比尔去伦敦只是去见他喜爱的登特医生"[①]。

巴勒斯还开始进行畅销书《腹部文化》（*The Culture of the Abdomen*）的作者弗雷德里克·阿瑟·霍尼布鲁克（F. A. Hornibrook）提出的腹部练习，好像是登特私人介绍给他的（他在维多利亚的公寓里见过登特的弟子）。巴勒斯并未因此爱上伦敦，他觉得伦敦监管过度，阶级意识强。他住在骑士桥埃吉顿花园44号，戒毒后，他不但会做噩梦，而且还有一位并不年轻的自由主义者和作家安格斯·威尔逊（Angus Wilson）向他求爱。他写信给金斯伯格说，那实在"太可怕了"。

当年夏天，巴勒斯离开了伦敦，与阿伦·安森待在威尼斯。他觉得身体比前几年好，开始划船，但是戒毒后，经常会喝很多酒，在佩

---

① "致约翰·蒙哥马利（John Montgomery）的信"，1959年2月23日，目前为安德鲁·斯克兰德斯（Andrew Sclanders）所有，伦敦。

约翰·耶布里·登特医生，用阿扑吗啡治疗毒瘾的先驱。巴勒斯说，如果没有登特，就不会有《裸体午餐》

吉·古根海姆的大宅里出没。当时佩吉正在为英国领事举办一个鸡尾酒会，到处都是随从和现代艺术品。有人告诉巴勒斯亲吻女主人的手是一种风俗，他说他很乐意这样做。很快他发现自己就像圣路易斯那个年少的自己一样受欢迎。

那年8月，他写了一封长信给登特医生，有几分主动也有几分被动，后来以《一位多种危险毒品的高度上瘾者的信》为题发表在《英国瘾癖杂志》和《裸体午餐》上。他说，自己的健康情况总体非常好，现在没有吸食任何毒品的欲望。他还问候霍尼布鲁克，自称练习效果显著，然后总结自己的吸毒生涯，称自己吸食的毒品包括鸦片制剂、死藤水、印度大麻、可卡因、苯丙胺和巴比妥，强烈支持阿扑吗啡是戒毒的好办法。

巴勒斯经过的黎波里和阿尔及尔回到了丹吉尔，这里已经遭到反法恐怖袭击的扫荡。他在一个奶品店用完午餐（"地方很小，墙上和方柱上都有镜子，广口瓶里装满了果汁、沙拉、冰激凌……"），不久那地方便遭到了屠杀式的轰炸。后来在巴勒斯的心里，这个场景与格雷厄姆·格林（Graham Greene）描述的一间越南奶品店被轰炸的景象相呼应。

回到丹吉尔后，巴勒斯在麦哲伦大街1号默尼利亚别墅酒店落脚。他称其为"一切东西的集散地"，是由两位从殖民地西贡退休的妓女开办的，她们当时正在服用鸦片制剂。他已经戒毒了，但是一些当地的讲西班牙语的男孩还认识他，称他为"隐形人"。像比尔·盖恩斯一样，他的帽子、眼镜和外套成了标志性的穿着，他似乎成了一个灰色的幽灵一样的无名人氏，悄悄地独自在镇上走动。

真正注意到他的是丹吉尔的英国警察局长杰拉德·理查森（Gerald Richardson）上校。在默尼里亚，巴勒斯又自制了一个生命力箱子。理查森记述了一个受过教育的、靠家里寄钱维生的美国瘾君子，称之为吗啡米妮（Morphine Minnie）：

> 吗啡米妮当然会耍滑头。他有一个特制的大箱子，侧面有两个洞，外表看起来就像一个长方形的舱顶箱。有时候他会劝诱一个小男孩钻进箱子里躺下来——补充一下，着装完好——然后他把盖子盖上。等他觉得这孩子已经待在里面够久了，就打开箱子让他出来打发他走，然后他自己再钻进去，躺下。据我的理解，等他再次出现时，他就精神焕发了——他也对此努力宣传。

理查森可能不了解情况，但是巴勒斯当然会精神焕发，主要是因为他不吸毒了。他写信告诉金斯伯格，散步或划船都令他愉快，甚至在进行霍尼布鲁克练习时，还会有性高潮。巴勒斯说，这很少见，从前他还在得克萨斯州时，只有钻进生命力箱子时才会获得这种性高潮。

1957年初，凯鲁亚克去看他，惊讶地目睹巴勒斯迸发出新的活力。现在，巴勒斯又进入了生命中最重要的写作期，这段时间写的内容后来被放入了《裸体午餐》《软机器》和《爆炸的票》（*The Ticket That Exploded*）。凯鲁亚克帮他打字，觉得它们有如梦魇。这东西是怎么回事？巴勒斯说："别问我。"

> 我从其他星球得到这些消息的——显然我是另一个星球的特工，但是我还没能清楚地破译自己的命令。
> ……
> 我把自己在中西部受教育的背景像大便一样扔出去，一劳永逸。这是排泄，我说的是我能想到的最糟糕的东西。

这对这段时期创作的一篇题为《语言》的文章很适用，它标志着巴勒斯开始向《裸体午餐》类风格转变（最终只有几个片段被编入《裸体午餐》，但是《语言》的全部文本更加怪异和极端）。因为作者原本个性分明，这篇尚未写完的作品似乎又惊人地影响了作者的个性："每当他谈话，就会出现很多层次的模仿，例如语无伦次的英国勋爵、疯狂的科学家海德先生等等，在杰克周围的人身上，他并没有看到这些特点。

巴勒斯现在与保罗·鲍尔斯更加熟悉了，并将他与登特医生相提并论，称他俩是他来到丹吉尔之后认识的"两位了不起的人"（"心电感应如水般流淌"），鲍尔斯对他的描述则实事求是。他住在默尼利亚酒店一楼的单人间，打开房门直通花园，房间的一面墙上还留着麻子一样的子弹洞，另一面墙上贴的大多是巴勒斯在亚马孙旅游时拍的照片。鲍尔斯喜欢听他谈论这些旅行，巴勒斯谈到了死藤水，称它能"促进精神和情绪上的心电感应"。巴勒斯说他曾经就死藤水与印度人交流过，尽管他不会讲他们的语言。

此时巴勒斯在大量地食用大麻糖（他为此感到自豪：他用一个小炉子做好，自己每天吃，还送给感兴趣的人），同时也抽大麻烟，他在房间里来回踱步，两三个烟灰缸里都放着点燃的烟卷，他一边说话一边随手捡一个。后来成为《裸体午餐》的手稿乱七八糟地堆在桌子下面，被踩在脚下或被老鼠屎覆盖着。他会随意抽出几张纸念给鲍尔斯听："经常大笑，因为写得很搞笑，不过，有时候读着读着（手上抓着纸）又突然激烈地批评起促使写那个章节的某段生活。"

巴勒斯觉得小品题材不断涌现，简直来不及写下来；这些小品"像一阵黑色的狂风掠过骨头"摇晃着他（奥利弗·哈里斯注意到这个短语出自圣-约翰·佩斯），然后住在隔壁的人就能听到他发出阵阵笑声。他将这些还未写完的小品和片段（目前叫"中间地带"）寄给金斯伯格，同时还阐述了他打算如何写小说，这些在他脑海中都日渐清晰。

他写道，真正的主题是控制成瘾亵渎了"人类形象"；上瘾和控制是主要的恶，而且这种瘾会像病毒一样传播。他说，有时候，他觉得自己像是又一个博施（Bosch）或但丁。到 1957 年 10 月，他觉得主题应该是逝去的纯真和人的堕落，通过"对生命过程的根本了解"有可能实现某种形式的救赎。

他决定将这本书的背景定在丹吉尔，这是一大突破，更多的内容则源于 1957 年赴丹麦的一次访问（凯尔斯·埃尔文斯邀请他去丹麦，因为前者娶了一位丹麦电影明星，住在哥本哈根）。在巴勒斯看来，斯堪的纳维亚一尘不染但又无生气，就像在那儿兴盛的爵士乐一样，在作品中，他把地名改成了"弗里兰（Freelandt）"，暗指那里的生活方式和思想状态。巴勒斯向金斯伯格解释说，情节发生在"重叠的场景"中，即指故事同时发生在南美、美国、丹吉尔和斯堪的纳维亚。人物到处漫游，因此在瑞典进行的蒸汽浴会突然穿越到南美丛林里，"从精神分裂向吸毒成瘾的转变将人物从一个地方带到了另一个地方。"巴勒斯强调。

《裸体午餐》以淫秽闻名，但又经常呈现出诡异的美："汽车旅馆……汽车旅馆……汽车旅馆……霓虹灯闪出的破碎的藤蔓花纹……孤独在这片大陆上呻吟，就像雾笛声穿过潮汐河流中平静的油污水……"它也是这个世纪最有趣的书之一，"如今西德尼·约瑟夫·佩雷尔曼（S. J. Perelman）已死，比尔就是我们最好的幽默作家。"保罗·鲍尔斯后来这样写道 [1]。为了寻找受害者，一群猖獗的讨

---

[1] 1985 年 12 月 7 日 的 信，《联 络：保 罗·鲍 尔 斯 的 信 件》（*In Touch: The Letters of Paul Bowles*），伦敦，1994 年，第 526 页。

厌鬼在街上潜行，包括年老的探险家、英国殖民者和文学先锋派成员（"当然现在唯一值得思考的作品应该是一份科学报告……"）。探险家在一个豪华、空无一人的、1890 年风格的酒店过道里抓到了自己的猎物，用一支带箭毒的镖将其麻痹，一边用脚控制人工呼吸，一边絮絮叨叨地讲述自己在该死的上狒狒区的不幸遭遇（巴勒斯漫画测绘中一个真实的地点，显然是以亚马孙附近他确实去过的一个名叫上巴布那萨的地方为原型的）。

世界宗教也成了他笔下渎神小品的主题，比如基督的神迹（因其被认为是某种苦行类的骗局而受到佛教的贬低）和佛的自助性，他认为佛厌烦等待人类，所以决定自行代谢垃圾。这本书的中心是个体自主权和个体真实性受到了重重威胁——被"发送者"用心灵感应的方式控制、被自我复制的"分裂者"推进泥潭，或被"熔解者"吸收——所有这些都遭到以巴勒斯为首的事实主义者的反对，他像科日布斯基一样直接提出批评。

不可避免地，身为巴勒斯，作假和负面的观点使他粗鲁地戏谑酷儿的装腔作势——他写信给金斯伯格说，"男同性恋妖精"应该杀掉，不是因为他们背叛了酷儿，而是"因为他们将人类通通卖给了否定和死亡的势力"——然而这收获了更大的反响。在额叶切除术、电脑植入、条件作用和行为主义的时代，本威（Benway）医生对灵魂的无情操控完全是局部的（巴勒斯的另一个精神医生是额叶切除术专家"手指"斯加弗医生）。

《裸体午餐》声名狼藉的另一个原因是绞刑的结局，有一种解释认为这是对死刑的斯威夫特式的嘲讽，但不完全可信。巴勒斯一生都在研究绞刑及绞刑对性的副作用，更有可能的是，他儿童时代听到过此类事情，认为其与性有关，并一直固着在脑海。

谈到固着和幻想的重复性时，巴勒斯说，使人性兴奋的是电影，但是即使他对绞刑的幻想有个人因素，在他的作品关切的范围内，仍然是主题性的，此外，也表现了性兴奋的无意识性。谈到涉及身体的性和生命，巴勒斯有点别扭，他的幻想有点神经质，有点色情，痛并快乐，可能根本上还是严肃的。有暗示意义的是，书中有个人物"被判非法拥有神经系统并被绞死"。

巴勒斯的作品里迷漫着相同的情感：在《裸体午餐》中，约翰用奇穆人的白玉瓶往玛丽身上浇汽油，两人在屋顶的巨型放大镜下面做爱，然后被烈焰吞噬；"黑肉"那章，瘾君子们吃了吐、吐了吃直到筋疲力尽；在小品里，巴勒斯臆想保罗·鲍尔斯见到巨大的雌性蜈蚣必定感到狂喜，把它撕开并抹到自己身上：他的身体控制不住地痉挛、抽搐，好像一阵电流顺着脊柱往上蹿，"这种穿刺无法言说地邪恶而美妙，像一支灼热的白色火箭在大脑中爆炸"。优可达使他想象一种名叫"超强 H 平方根"的更强烈的毒品精华：一旦上瘾，如果失去了它，"在零点几秒内，你就会因为过度敏感而抽搐，因瞬间的极度愉悦导致剧痛，然后丧命"。

巴勒斯从丹麦回到丹吉尔后听到了一个坏消息。与他维持单纯又亲切的性关系的少数几个人之一的奇奇去世了。巴勒斯去英国接受阿扑吗啡治疗时，奇奇开始与一个古巴的乐队指挥交往。

1957 年 9 月，在马德里，这位古巴人发现奇奇与一个女孩在一起，突然被忌妒冲昏了头脑，将奇奇刺死。巴里·迈尔斯认为，巴勒斯很后悔让奇奇与那个古巴人交往；无论如何，在接下来的 40 年里，巴勒斯不断地梦到他，梦境大多是悲伤的。

在巴勒斯住在丹吉尔的最后几年，继凯鲁亚克之后，更多的朋友来看他，他因此迎来了自己的创作时期。阿伦·安森来了，金斯伯格也来了。巴勒斯对金斯伯格依然有强烈的感情，在凯鲁亚克访问期间，他们谈到金斯伯格时，巴勒斯曾经痛哭流涕。遗憾的是，金斯伯格有了新的

巴勒斯假装绞死阿伦·安森，1975年金斯伯格拍摄于默尼利亚别墅
酒店

伴侣彼得·奥洛夫斯基（Peter Orlovsky），巴勒斯对他很是反感。

巴勒斯的朋友们帮助他编辑乱成一团的稿纸，最后成书《裸体午餐》，乱七八糟的手稿倒是与其拼贴画般的审美很协调。巴勒斯的描述极具特色，有些地方似乎不完整，他的文字具有疯狂的能量，有些精选的章节放在一起构成一种拼贴画或马赛克："具有并置的晦涩意义，就像被扔在酒店抽屉里的东西……"

手稿历经很多标题，包括中间地带（源于丹吉尔）、词汇堆积（源于盎格鲁-撒克逊诗歌）、无知的军队［源于马修·阿诺德（Matthew Arnold）的诗《多佛海滩》（Dover Beach）中混战的"无知军队"］，最终定为《裸体午餐》；这是凯鲁亚克的建议，金斯伯格偶然将"裸体情欲"误读为"裸体午餐"，但这一误读却被认为再合适不过了。金斯伯格一首诗中的短语"现实三明治"可以说是一种释义，已经在《嚎叫》（Howl）（1956）的致谢部分出现过。金斯伯格提到巴勒斯时，称其是《裸体午餐》的作者，称这本没完没了的小说会使人抓狂。

可能是一种发泄，他的创作期开始沉淀，至少符合巴勒斯在被分析时所感受到的那种体会和变化［在丹吉尔，他没有精神分析师，不过他喜欢卡伦·霍妮（Karen Horney）的自我分析体系，并且可能已经在用它了，实际上，这完全是无畏的内省的过程］。1957年末，他觉得自己的性取向发生了变化，一段被埋没、被背叛过的异性恋青春被困在自己的内心，差一点被谋杀了。从来没人视他为酷儿，他写信给金斯伯格说，如今"所有最初的创伤"都结束了；他曾经十分害怕，担心自己会停止心跳，甚至身心都出了问题。这种感受持续了一段时间。一会儿是男孩子，一会儿是女孩子，有时候他不知道自己到底喜欢男人、女人、二者都喜欢或是二者都不喜欢。"我想我都不喜欢。只是无法挖掘出这个星球上的土著。"

巴勒斯迷上了病毒的概念，读到病毒是对原子辐射有积极响应的唯一的生命形式时，他感到心烦意乱：他突然想到在原子辐射的灰蒙蒙的天空下，一条一百多英尺长的蜈蚣被臭虫一样大小的病毒吞噬的景象。1958 年 1 月，《时代》杂志刊出了一篇文章，称俄克拉何马州的美国空军基地爆发了一种神秘的病毒，巴勒斯将其与丹吉尔疑似爆发的一种疾病相联系，认为为了自己的健康，他必须离开。他写信给金斯伯格，称这个地方有"不明病毒"。

金斯伯格当时与奥洛夫斯基在巴黎。于是，1958 年 1 月巴勒斯追随他们，也飞到了巴黎。

第七章
巴黎:"垮掉"旅馆内的剪裁法

艾伦·金斯伯格与彼得·奥洛夫斯基一直住在日乐格街 9 号的一家廉价旅馆里,这条街安静、狭窄,在拉丁区左侧,一直通向塞纳河和西岱岛。很难有房间,不过在巴勒斯到达之前,金斯伯格就设法帮助他租到了一间房。1958 年 1 月中旬,巴勒斯开始入住,每月租金 25 美元。

金斯伯格担心巴勒斯对他仍有情感诉求,他还记得他们在纽约同居期间他经常要"迎合",但是他过虑了。巴勒斯的心理状态异乎寻常地好,不过他们也发生性关系,他解释说,他并不是要对艾伦献殷勤,而是为了完成他的分析,"整理精神分析的障碍等等"[①]。巴勒斯一直在以内省的方式分析自己,他每天下午冥想,用巴里·迈尔斯的话说,他"接受了头脑中所有不愉快的或可怕的幻想,觉得那是他自己的一部分,他不再因惊恐厌恶而压抑它们,他关注每一个细节,以差不多相同的方法加以研究和分析,在日常生活中将这些观点发展到绝对极限。

巴勒斯觉得自己幼年时一定经历过什么可怕的事情 —— 可能是保姆 —— 他自己无法弄清楚。他选择的分析师是马克·斯伦贝谢

---

① 金斯伯格写给奥洛夫斯基的信,被引用于《威廉·S. 巴勒斯写于 1943—1959 年间的信件》(*The Letters of William S. Burroughs 1945-1959*),奥立弗·哈里斯编著,伦敦,1993 年,第 386 页,注 4。

（Marc Schlumberger）。斯伦贝谢大概比他大 15 岁，是《新法兰西评论》的创始人让·斯伦贝谢（Jean Schlumberger）的儿子，他自己有一个问题，即无法真正接受自己的父亲是个同性恋。在为巴勒斯进行精神分析时，他任巴黎精神分析学会的会长，备受尊敬。巴勒斯每周见他两次，每次会面付费 10 美元。

巴勒斯在丹吉尔的心灵阵痛也给他带来了非同寻常的仁爱的愿景，即存在的核心是平静的，比如中心的爱之井；这在很大程度上与金斯伯格提出的波长相契合，因为金斯伯格已经看到了他所谓的"整个创作中仁慈的有感情的核心"，一个"大而平静的有爱的头脑"。

在见过登特医生之后，巴勒斯已经顺利戒除优可达，但是，直到最近巴黎都有一个特色，即每个药店都可以买到以糖浆或糖衣药片等形式销售的可待因制剂等止痛类药物。

最近的一本巴黎回忆录中提到一个二流的英国诗人住在莎士比亚书店上面，焦虑地在桌上搜索，最后发现了一个小棕瓶，豪饮一口后，立刻就舒服了，还写出了"科迪队长的午夜游骑兵前来营救……"这样的诗句。关于这些制剂的合法性问题，一直众说纷纭，其中有种观点认为法国当局想为在法属印度支那染上鸦片瘾的法国殖民者提供"软修复"。

无论何种原因，巴勒斯发现这很合他意。几十年后，在一篇题为《巴黎请保持原样》的短文中，他写道，当他听说乙基吗啡现在变成处方药时，想起了这种情况。

> 当他们敲掉街上的小便器、拆除阿勒区、砍下丹吉尔索科广场上的树时，我同样感到了失去的痛苦……一切都过去了……19 世纪的另一个角落……光明从空中流下……小便器、阿勒区、树木……

"乙基吗啡……"

"是的先生……一个还是两个？"

"两个。"

我要记住这样的她。

　　巴勒斯记得自己因流感卧床，床边桌上有一堆科幻书和乙基吗啡；很快他在被单下舒适地挪动身体，像18世纪卧床过冬的英国绅士那样。

　　1958年2月，巴勒斯已经轻微复吸，金斯伯格对此感到担忧，但是他写信给金斯伯格让他放心——金斯伯格赴英格兰进行短期访问——没什么好担心的，他还想在分析过程中实验一下。

　　巴勒斯在日乐格街上的这家无名旅馆过得很惬意，这家旅馆后来被称为"垮掉"旅馆；当时金斯伯格、巴勒斯、格雷戈里·科索（Gregory Corso）和布里昂·基辛都住在那儿。"那地方很不错，"巴勒斯后来说，"很老，很老，很老。中世纪的感觉。哈楚女士人也很好。"哈楚女士是个法国人，个子不高，气场强大，一双眼睛每天警惕地盯着旅馆；她很喜欢巴勒斯。无疑她喜欢巴勒斯良好的举止和保守的穿着，不过总的来说，她喜欢艺术型；她总是提及她年轻时在咖啡馆工作时，为画家莫奈服务过。

　　巴黎有13种酒店，"垮掉"旅馆就是第13种。卫生设备粗糙，电和热水不能随心所欲：洗澡要提前安排，而且如果有谁的用电量超过了40瓦的灯泡，哈楚女士就能从电表上看出来，然后她就会去敲门。但是楼下酒吧里的酒很便宜。从哈楚女士的角度来看，她真的很宽容，如今这个地方已经成为神话，有常见的罗生门式的影响。用巴勒斯的话说：

　　关于谁能住进她的旅馆,哈楚女士任性得不可思议。"她有
自己的规矩。"布里昂·基辛总是这样说。

布里昂·基辛则这样回忆:

　　威廉·巴勒斯总是简洁地说:"哈楚女士有自己的规矩。"他
到底是什么意思?

　　巴勒斯与基辛的友谊还是后话,不过现在,金斯伯格仍然与他是
最好的朋友。

　　1958 年 6 月,他们与格雷戈里·科索去巴黎参加聚会,向贺
曼·雷(Man Ray)和马塞尔·杜尚(Marcel Duchamp)致敬。金斯
伯格是杜尚的粉丝,他很兴奋,在杜尚身后爬来爬去,喊他"亲爱的
主人"。金斯伯格还让杜尚亲吻巴勒斯("这象征了伟大的法国超现
实主义者将衣钵传给了当代美国继承者",泰德·摩根语),杜尚心情
很好,轻轻吻了巴勒斯的前额。

　　接下来一个月,金斯伯格和巴勒斯启程去朝圣,与路易-费迪
南·塞利纳(Louis-Ferdinand Celine)有一次不那么愉快的会面,后
者当时还是一个颇具争议的人物,因为他在战争期间支持德国。由于
塞缪尔·贝克特(Samuel Beckett)和亨利·米勒非常敬重塞利纳,
所以"垮掉派"也很尊重他,20 世纪 40 年代,巴勒斯向他们介绍了
塞利纳的作品。"在我看来,塞利纳真的是他那个时代最悲悯的法国
作家,"凯鲁亚克后来这样写道,"他是一个伟大的、极具魅力和智慧
的作家,无人能与其相提并论。"在凯鲁亚克看来,他有"那种现代的
明丽的腔调使你忘记潜在的恐惧、内心的痛苦,不过是耸耸肩笑一笑
的事情而已"。正是受到塞利纳和他"独特的心电感应风格"……以

及使用省略号获得表达的效果等的影响……巴勒斯及"垮掉派"作家才开始自由运用这些小圆点。

塞利纳曾经做过医生，为穷人看病，有时候还不收钱。当金斯伯格和巴勒斯找到他在塞纳河边默东的一个破旧的住处时，他还在行医（"灰泥剥落的破旧别墅"，令巴勒斯想起了洛杉矶的市郊地区）。听到狗叫声，他们知道自己正在接近塞利纳：他向巴勒斯和金斯伯格解释说，他养了几条大狗，"因为那些犹太人"。

生活总是充满不合时宜的惊喜，塞利纳说，接着还有其他更偏执的恶劣情况：药剂师不检查药方，邮政局长在破坏邮件（"我们径直走进了一部塞利纳的小说"）。金斯伯格向他讨教他能想到的当代作家——贝克特、萨特、西蒙娜·德·波伏瓦，塞利纳胡乱地将他们一个个地打发了："文学的水塘里，每年都会冒出一条新鱼。"

金斯伯格还送给塞利纳一些书，包括巴勒斯的《瘾君子》——如果不被扔掉，那真是一本值得珍藏的纪念本啊！——科索的诗歌以及他自己的《嚎叫》。显然塞利纳没打算浪费时间看这些，只是把书丢在一边，巴勒斯记得，那动作"有点决绝"。

他们离开时，塞利纳与他们亲切道别。他们知道自己遇到了一个传奇人物，也是 20 世纪最伟大的人物之一。巴勒斯最近还遇到了另一位真正伟大的作家，或者说他自己是这么想的，他见到了雅克·斯特恩（Jacques Stern）。巴勒斯与格雷戈里·科索成了朋友（尽管巴勒斯警告他毒品是种邪恶的东西，但是科索后来还是染上了毒瘾）。科索曾经进过少年感化院，可能是"垮掉派"中最没文化但又最外向的一个，他曾经听说，斯特恩是一个百万富翁式的法国瘾君子和知识分子，因小儿麻痹导致跛脚，经常在拉丁区的咖啡馆流连。1958 年春天，他看到一辆宾利车，里面坐着一位跛脚的先生，意识到那一定是斯特恩，他觉得巴勒斯应该见见他。

　　科索把他背上楼——他并不重——来到"垮掉"旅馆内巴勒斯的房间，他们相谈甚欢。巴勒斯觉得斯特恩是他在巴黎见过的最有趣的人。他们都是哈佛毕业的，都吸毒，斯特恩还是一位美食家、花花公子和初版收藏家，特别喜欢收藏莫里哀的作品。

　　他还有一个漂亮的妻子迪尼（Dini），巴勒斯十分喜欢她（巴勒斯写信给金斯伯格，称她"人很不错"，他非常喜欢她）。

　　1958年10月，巴勒斯和斯特恩一起去伦敦，再次接受了登特医生的治疗，他们在曼斯菲尔德大街2号租了一个公寓。巴勒斯还没有意识到斯特恩是个不可救药的骗子和幻想家，不断地夸夸其谈。他一会儿讲讲游艇的故事，一会儿又说自己坐在宾利车里遭遇过严重的事故，编造自己先前拜访过登特医生，一会儿又说自己发明了一种新的心理治疗方法（叫"功能疗法"，宣称治好了他在登特医生那儿遇到的4个长期"精神病人"，巴勒斯对此极感兴趣），还说自己的小说《侥幸》（Fluke）即将出版。

　　斯特恩说《侥幸》将由大名鼎鼎的英国出版公司费伯-费伯出版社出版，这当然又是妄想。最终，斯特恩自己出版了这本书，不过仍然默默无闻，但是巴勒斯却对自己看到的部分章节留下了深刻的印象。他告诉金斯伯格，那本小说很棒，真的很棒，"绝不夸张"。他觉得斯特恩的作品胜过他自己、凯鲁亚克或金斯伯格；认为斯特恩是他们那个时代最伟大的作家。斯特恩写作的片段本来是看不到的，但是却能在巴勒斯的剪裁作品中找到，尤其是《软机器》。

　　雅克·斯特恩给巴勒斯留下的印象反映了巴勒斯这位看似老练的旅行者和坚定的经验实用主义者总是怀有老到的"点拨"使命，同时又表现出奇怪的轻信和热情的一面。但这仅仅是他日后生命中的几次关键偶遇的提前演练而已，他后来遇到了始终冷静、尊贵、淡定的艺术家布里昂·基辛，他称之为"我唯一尊重过的人"。保罗·鲍尔斯对基辛的看法却没有那么好,他说:"每个与布里昂接触过的人都会觉得自己在职业领域落后 10 年。"

基辛于 1916 年出生于英格兰,父亲是瑞士人,母亲是加拿大人。父亲死于第一次世界大战,此后,他和母亲在加拿大生活,后又被送到天主教寄宿制的唐赛得学校。在欧洲,他成长为一名艺术家,游离在超现实主义圈子的边缘,但是安德烈·布勒东(Andre Breton)厌恶他的作品,在 1935 年的一次合作展览中撤下了他的作品。与巴勒斯不一样,基辛感兴趣的是追求欧洲式的世俗的成功——某某骑士、某某勋章、某某学院——但是,求而不得,他感到愤恨,愈加相信艺术界就是一个阴谋。

基辛推崇黑人文化和阿拉伯文化,伊斯兰教经典对其作品也有影响。他最著名的两个项目,即剪裁法和梦想机器,还要稍后一点才会提出;此时他的艺术主要是两根或三根明显的"线"。一是抽象的书法,结合他对阿拉伯语的热爱以及他本人学习日语的经历(那是在美国军队服役期间,不过战争结束时,他还没学会讲日语)。基辛的书法与美国艺术家马克·托比(Mark Tobey)的书法很相似,后者感兴趣的是东方文化和禅,但是他也知道,巴黎的背景总是将他与文字主义运动相联系。文字主义者后来被盖伊·德波(Guy Debord)接管并转换,将其改造成情境主义者。文字主义者起初以伊西多尔·伊苏(Isidore Isou)为首,他想将口头艺术分解为单个的字母(将电影院分解为黑暗与白光的简单的、非具象的交替)。很多文字主义作品含有图形脚本和字母表,介于象形文字、速记文字和古老的魔法书之间。

基辛的另一种艺术线条是轻拍或洒落的墨水笔画,像是亨利·米修的作品,其中可见人物和事件:有人群、战争、舞者在沙漠之火周围打转,等等,所有这些都发生在观众眼皮底下。基辛在这些方面颇具才华——例如透过火光或大理石可见的东西——主要基于萨尔瓦多达利风格的"接近偏执的"审美。巴勒斯对此十分着迷。

达利有上下颠倒着看报纸的习惯："我不是读新闻，我只是用眼睛看。在我十几岁的时候，我就眯着眼睛透过螺旋形的排版看足球比赛，而别人只不过就是看电视。往往比赛还没到中场休息，我就被起起伏伏的比赛累得不行了，需要去休息一会儿。"看基辛的作品时，巴勒斯必须凝视着它，直到目光抓住某样东西，他突然间就"进去"了：

> 我经常通过一个我称为入境口岸的地方进去。那往往是一张脸，通过其双眼，画面打开，变成一幅风景画，我就这样从那只眼睛走进那片风景。有时候又像一段拱廊……微小的细节或特别的色斑构成了入境口岸，然后，整个画面突然变成一幅上了石膏的三维画或精美的玉石或其他珍贵的材料……此刻，你在这儿会突然见到各种东西。美丽的丛林景观……各种各样的脸……猴子脸……常见的憔悴的猴子脸。在这个世界上极具原型性。

在丹吉尔的时候，巴勒斯和基辛相互防备，看不起对方——巴勒斯觉得基辛太圆滑，基辛则因巴勒斯吸毒而看不上他，另外还觉得他亲西班牙（总是与西班牙人厮混，而不理阿拉伯男孩）——但是保罗·鲍尔斯则向基辛保证，说只要他愿意去了解巴勒斯，就一定会喜欢上他。

基辛记得 1954 年在丹吉尔见过巴勒斯，记得他非常夸张，当时巴勒斯是去看基辛的一位年轻的阿拉伯朋友哈姆里（Hamri）的图片展。那是在伦勃朗酒店，巴勒斯飞快地走了进来，"四肢胡乱摆动，嘴巴滔滔不绝"：

……他沿着亚马孙河上游追踪南美卡皮木的长藤。老旧的墨西哥斗牛海报从长风衣（不是衬衣）下露出来，拍打着发出声响。他的帽子边缘闪出一道奇怪的蓝光。

　　现在，1958 年秋天，他们居然在巴黎圣米歇尔广场再次相遇。巴勒斯步履匆匆，要去见精神分析师，但是他邀请基辛到"垮掉"旅馆 15 号房间去串串门，喝杯茶。

　　基辛适时来到旅馆，巴勒斯见到他正在创作"伟大的画"，像他对斯特恩的评价一样，他认为这是"真的很棒，绝不夸张"。巴勒斯说，基辛对绘画做的事情正是巴勒斯对自己做的事情，即打开真正的心理空间。在"所谓的'现实'，基辛的画作是一个洞，通过这个洞，他可以探索'存在于外太空的实际空间'"。基辛本人讲过一个美丽的中国故事，说一位中国绘画大师鞠了三个躬之后，走进他的画里，然后就消失了。

　　巴勒斯觉得基辛懂得他尝试过的每件事情，在很大程度上，基辛在感情上取代了金斯伯格，不过这一次，他们没有任何性关系。金斯伯格最终见到了基辛，觉得基辛病态地迷信，同时也对巴勒斯信中提到的昭示他们自己的新观点感到纳闷。

　　基辛在摩洛哥遇到了巫术（"巫术自称是控制事物和理解空间的另一种方法。在摩洛哥，人们实施巫术比打扫卫生还认真"）。他想编辑一本有关北非咒语的魔法书，他相信巫术阴谋使自己失去了"一千零一夜"餐厅：他在通风管上藏着一个包裹，里面有一面破镜子的七块碎片、七块鹅卵石、七颗种子、头发、血和口香糖，还有壁炉或烟雾里的精灵的铭文，"愿主人布里安（布里昂）像烟离开火一样离开这所房子"——"永远不回来"。看起来似乎还企图毒死基辛，不过这次他们真的做了。基辛与他的赞助人（一个富婆）吵了一架。他有时候这样说：这个女人骗他在什么文件上签了名，然后排挤了他；或者说，他被两个早期的科学论者骗了。总之，他走了。

基辛有关巫术的高谈阔论中，最常见的，是他向朋友特里·威尔逊（Terry Wilson）——他很欣赏基辛的作品——谈及小精灵："我可以现在就用这个本子给你画很多小精灵。"在《这就去》这本书中，威尔逊谨慎地指出，他想象不出这些东西，无论如何，它们不是生命。事实上，它们是门上的木纹，威尔逊可以认为它们活着，但实际上却没有意识。

对于荒谬、神秘的东西，巴勒斯是一贯相信的。之前有保姆、他的想象、相信来生（他曾经因此与理性主义的父亲争辩过）、青少年时期的诅咒、哈佛时代读过的西藏巫术和埃利法斯·利瓦伊（Eliphas Levi）的西方主流魔法、强烈爱好心电感应，在他看来自我感就是一次次纠结的探望、控制和竞争。可能最主要的是，随着年龄的增长，这种感觉越来越强烈，他认为，在"神奇的宇宙"里，任何事物都不是偶然的。在泰德·摩根授权、巴勒斯检查过的语录里，他认为，平凡的现实背后是精灵、诅咒、占有和幽灵的现实，是"他生活中最重要的元素"。

基辛强化了巴勒斯在现实和梦境之间超越"超现实"的结合，不久，巴勒斯向金斯伯格汇报说，任何东西都阻挡不了"直接梦境"的力量。他补充道，他一点也不夸张。他会梦到钱跑到口袋里，他也会梦到海洛因和鸦片：前一天早上，他醒来的时候感到自己犯了毒瘾，又身无分文；接着他就梦到了鸦片，然后就有一个朋友进来给了他一点。当然，他说：

人生就是一场梦，或是梦的投射。因此，政治行动往往失败……但是如果我们有足够多的人和基辛一样做梦，那么整个存在就是虚无的了。

基辛的故事往往扣人心弦，他会讲山中老人哈桑·沙巴的故事——一个 11 世纪的波斯人，在总部阿拉穆特控制着间谍和杀手网络。据说他鼓励自己的追随者服食毒品以获得天堂的幻象，"大麻成瘾者"和"杀手"这些词语也源于他。这些大多真假难辨，因为这些引用内容也源于他——这些在 20 世纪 60 年代可能对巴勒斯很重要——"没有什么是真实的，一切都是允许的"。

在巴黎，巴勒斯的精神分析也走到紧要关头，1958 年 7 月，他逐渐相信自己年幼时目睹了"邪恶的保姆"玛丽流产，在他面前，胎儿被扔进炉子里烧掉；这便是他的记忆里隐藏着的"谋杀案"。随着精神分析到达高潮，在他住在"垮掉"旅馆的这一年里，似乎已经经历了 10 年的变化。现在，随着 1959 年的到来，他可能将要经历他生命中最奇怪也是最重要的一年。

在巴黎，巴勒斯与斯特恩及基辛一起见到了一些年轻的美国人，值得一提的是吹萨克斯管的得克萨斯州人麦克·谢尔·托马斯（Mack Shell Thomas）（巴勒斯称他"谢尔"）。他教给巴勒斯一个办法摆脱不想见的访客：让巴勒斯看着他们，悄悄地想"我恨你，我爱你，我恨你，我爱你，我恨你，我爱你……"。毫无疑问，明显的关注和内心的走神综合起来会使访客感到不舒服；但是对那些没能正确接收到信号的人而言，还有一个技巧，就是设想他们的灵魂在门外，希望他们的身体也能跟着走出去。

谢尔、基辛和斯特恩给了巴勒斯很大的希望——"我一直希望三个神秘主义者能形成核心，琢磨一些明确、可用的想法"——但是他们失败了。他与斯特恩的关系开始降温。1959 年春，美国的禁毒运动和反"垮掉派"癔病达到高潮。谢尔回到了得克萨斯州，在那里，他不仅拥有海洛因，而且还打扮花哨地拿着萨克斯管，好像在昭告事实一样，最终他被判入狱 20 年 ①。

与此同时，1959 年 1 月，巴勒斯向金斯伯格报告说，毒瘾的发作超常地密集和频繁，他已经无法用笔记录了。基辛介绍他凝视镜子，连续数小时地凝视，直到自己的身份消解，就能看到奇怪的东西。基辛看到了置身实验室的 19 世纪科学家及穿过草原的长途旅行。凝视镜子可以持续 24 小时，甚至更久，有一个朋友会走到门口给他送来大麻烟卷。巴勒斯看到自己的手变成"非人类，变厚、变成黑色夹杂着粉色，指尖开始长出白色的卷须"，到夏天的时候，他看到自己变成了一种生物，满脸黑色，布满气泡一样的绒毛。对巴勒斯而言，最惊人的是，其他人似乎也能看到这些东西，所以这不是幻象（最值得注意的是，其他人包括斯特恩和基辛，还有在餐厅里奇怪地盯着他看的人）。

此后巴勒斯写了《裸体午餐》的"肥佬终端"那部分之后 —— 终端组办一场摩托车上的紫屁股狒狒的狩猎活动，方法与猎猪一样，但是我们遇到他的时候，发现他的情况要糟糕得多，像只半透明接近胎儿的猴子，嘴巴圆圆的，像七鳃鳗的碟形嘴。基辛拿出一条阿拉魔法项链上拆下来的琥珀珠子给他看，巴勒斯看到了终端的脸。

巴黎有很多卖超自然题材书的书店，其中就有位于余榭特街 21 号附近的绿宝石桌书店，就在圣米歇尔广场的另一侧。巴勒斯从那儿买了一只光亮的不锈钢小链球（之前他还购买了"看似在上，实则在下"的赫耳墨斯·特里斯墨吉斯忒斯翡翠石板），此后事情就变得更怪异了。这个球原本应该是个探测球，悬在手上看看它会向哪儿摆动

---

① 他服役 5 年，关于这段经历，他写了《绝对野兽》（*The Total Beast*）一书。

或旋转（最常被用来确定鸡蛋的性别），但是巴勒斯和基辛用它来占卜，类似于水晶球凝视。

最善于运用占卜的是伊丽莎白时代的巫师迪（Dee）医生和他的助手凯利（Kelley）。他们——特别是凯利，有点像魔术师——透过一面黑曜石做的镜子去看天使的灵魂，这面镜子现在不列颠博物馆。巴勒斯将球和链子悬挂在房间里，基辛进来看了，看到了丹吉尔，具体地说，看到了他的老餐厅。巴勒斯也看了，他们一起看到了一场穆斯林的葬礼，正把尸体搬下楼。

在接下来的几个月里，巴勒斯注意到了各种现象：镜子似乎对球有吸引力；巴勒斯偶尔会觉得球把自己推开，那种身体感觉他无法描述，就像"一种新维度的重力"。他被吓到了，需要开着灯睡觉。

无论有没有球，他都能看到一些景象。其中一个是"水下媒介，奇怪的封闭球体在其中穿行"，他就是球体之一，欣赏着"美丽的粉色和黑色的风景、黑色的人、柔软的金属，人们身上还覆盖着一层绿—棕—红的绒毛。活动的飞碟像比目鱼一样，浑身有黑色的绒毛。

巴勒斯写这些的时候人在丹吉尔，他之所以回去，是因为他在1959年4月去那儿度过了一个短暂的假期。当时正在进行一场大规模的强制禁毒，结果当然是不幸的。巴勒斯的老熟人保罗·伦德被抓去质询，一些信件牵连出了巴勒斯。他曾经开玩笑地提过打算在巴黎进口和销售摩洛哥大麻，但是他们使用了诸如"骆驼鞍"之类的暗号，巴勒斯被误以为是一个烈性毒品集团的巴黎联络人。

这很麻烦，但是巴勒斯的心思却在其他方面。死亡并非终结性的，不过一个强大的游说团体——简直是个阴谋集团，当然也是特权阶级——试图让人们相信死亡是终结性的。他发现，不夸张地说，有数以亿计的世界。他正在走向危险地带，但他不回头，即使他能回头，他也会说:"让它来吧 ——"

巴勒斯还要写作《裸体午餐》,艾伦·金斯伯格还在努力联系出版事宜。基辛想起巴勒斯工作时的样子:

> 手稿的纸片在密闭的房间里到处飘散,巴勒斯在灵异的烟雾中猛烈摆动,透过本威医生、A.J.、克雷姆、乔迪以及他没时间用打字机写出来的数以百计的其他人物发出阵阵咆哮。

1957 年,金斯伯格已经将《裸体午餐》的部分手稿带到位于巴黎的情色出版商莫瑞斯·吉罗迪亚斯(Maurice Girodias)那里,后者的奥林匹亚出版社在英文版色情书领域做得风生水起。除了出版《我的旅行箱和白色的大腿之间有一根鞭子》这类使用化名的粗制滥造的作品,他们也出版一些严肃作家的作品,比较有名的有贝克特和纳博科夫,后者在 1958 年凭借《洛丽塔》让吉罗迪亚斯大发横财。

吉罗迪亚斯觉得《裸体午餐》不知所云。与此同时金斯伯格将其中的一篇摘录发表在学生文学杂志《芝加哥评论》1958 年春季刊,由欧文·罗森塔尔(Irving Rosenthal)编辑,芝加哥大学资助并出版。随后引发的愤怒导致该杂志停刊。罗森塔尔愤然辞职以示抗议,并重新创办一份新杂志《大桌子》(Big Table),1959 年 3 月创刊,首期即刊发了《裸体午餐》的更多章节,旋即遭到美国邮政局的扣押,引发了一场官司。

所有这些争议使吉罗迪亚斯觉得《裸体午餐》可能终究会成为一件不错的资产,于是他突然在 1959 年 7 月派南非年轻人辛克莱·贝里斯(Sinclair Beiles)(曾化名"无无名",编写色情作品)前去通知巴勒斯给他们 10 天时间准备出版《裸体午餐》,贝里斯和基辛帮忙编辑,该书终于在 7 月底面世。

在基辛的鼓励下，巴勒斯已经开始画画，他设计了书法封面，上面有很多基辛风格的漩涡状的文字。他在给金斯伯格的一封信中附上了这些文字，称"它们是有生命的，这些形状像是活着的生物"。

巴勒斯立即变得声名狼藉，与已经成名的凯鲁亚克和金斯伯格成了一伙。他记得 1959 年前后有一份报纸——好像是英国画报《世界新闻》（*The News of the World*）——介绍了他们三人，大标题是"就是这三个人带来了可怕的反传统"。"配图中我穿着西装，文章还说：'他打扮得像个牧师或银行家，实际上他是个危险分子，致力于破坏一切正派的价值观。'"

巴勒斯又写了一篇关于《裸体午餐》的文章，标题是"证词：关于一种疾病"，并被收进后来的版本里。

虽然有点说教，但它详述了毒瘾的可怕，试图捍卫自己的立场，防止陷入淫秽的麻烦。他说自己记不清是如何写出来的，这些都是戒毒中发生的精神错乱。他还讨论了毒品问题，支持阿扑吗啡，还阐述了他所谓的需求的代数，"'邪恶'病毒的基本公式"。由于这本书是关于烈性毒品的健康问题，所以它"必须是残酷、淫秽、恶心的"。而且，他说，书中表面淫秽的绞死事件实际上是以乔纳森·斯威夫特（Jonathan Swift）的方式反对死刑。

金斯伯格对巴勒斯的"证词"感到失望，他认为该文过于谨慎和说教，与书的真正精神相背，但是巴勒斯此时身陷淫秽和毒品两大麻烦，他想掩饰也情有可原。"骆驼鞍"生意的余波已经波及巴黎，警方到"垮掉"旅馆搜查毒品，矛头直指巴勒斯。这真是一次尤为不快的折磨，他在警察局待了一天，接触不到毒品，同时还要录口供、填表格。他对那天的最后记忆大概是"药店"这个词汇（"绿色的霓虹灯字母在蓝色的夜幕下闪烁"），他跑到咖啡厅里就着奶油咽下药片，唱机里放着伊迪丝·皮雅芙（Edith Piaf）的歌曲。

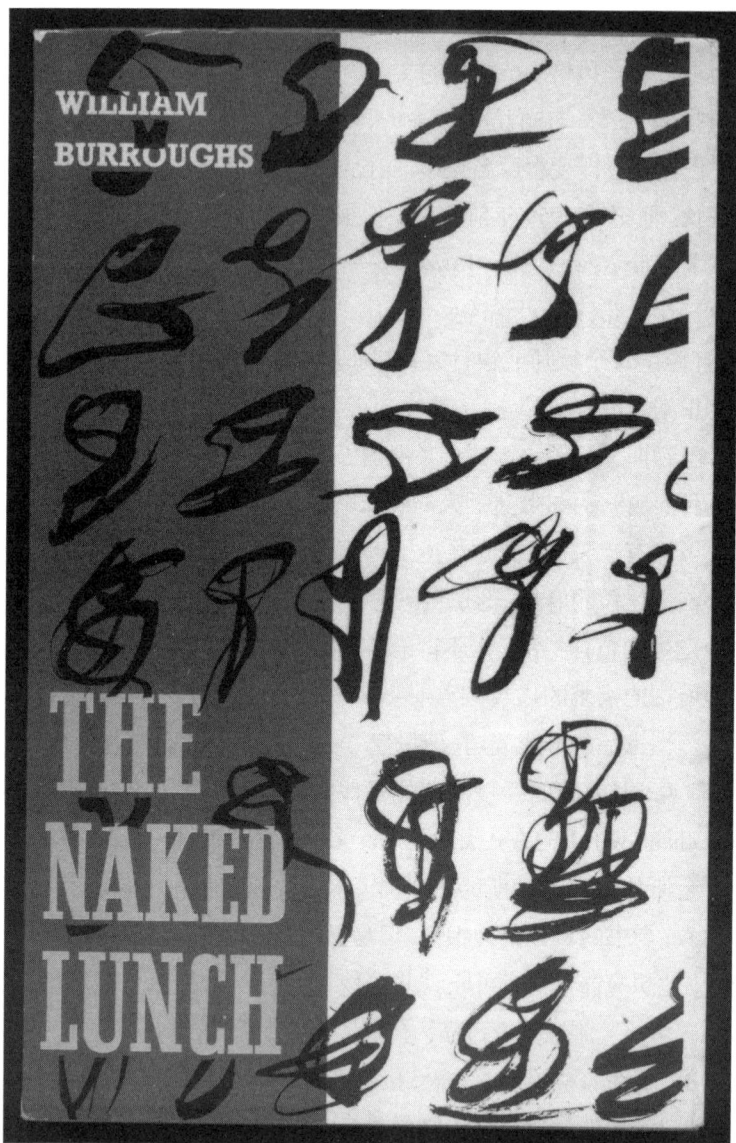

巴黎版本的《裸体午餐》（1959），封面是巴勒斯的书法："它们是有生命的，这些形状像是活着的生物"

巴勒斯又染上了毒瘾。泰德·摩根记述了在此期间美国诗人哈罗德·诺尔斯（Harold Norse）去看望巴勒斯的情况。哈罗德在意大利待了一段时间，他作为一个不速之客，顺道去"垮掉"旅馆拜访巴勒斯。"不要……喜欢……意大利。"巴勒斯说。

　　"嗯，我喜欢那里的人，还有阳光。"
　　沉默。
　　"讨厌……太……阳。"
　　"呃，哈哈，嗯，巴黎不错。"
　　沉默。
　　"决不要……出……去。"巴勒斯说。

　　登特医生送给巴勒斯一些阿扑吗啡，他决心在巴黎自行治疗；在治疗期间，他还做了笔记，登特的护士斯米梯还给了他一个有必要日程的笔记本。他需要有人照顾他、帮助他。因为担心巴勒斯在戒毒期间表现出来的精神状态，布里昂·基辛不想掺和。

　　哈罗德·诺尔斯向他推荐了附近的一个英文书店，告诉他那里是认识人的好地方，那便是余榭特街另一头、布希赫街上的"西北风"，面临塞纳河和圣母院大教堂（20 世纪 60 年初改名莎士比亚书店，新名字来自詹姆斯·乔伊斯时代西尔维亚·比奇经营的一家著名的巴黎书店）。当时书店的老板是位美国人，名叫乔治·惠特曼（George Whitman），他接待年轻的游客，作为回报，游客们可以在书店里帮忙或写篇日志。

　　1959 年夏天，有个来自英国的年轻人在那儿暂住，名叫伊恩·萨默维尔（Ian Sommerville）。他个子很高、身材单薄，人很热情，来自北方，口音很重，在剑桥大学学习数学。他站在梯子上整理书籍，不小心把一本书掉在巴勒斯身上，于是从道歉开始了谈话。他们很快成为朋友，没多久，萨默维尔就到"垮掉"旅馆照顾巴勒斯戒除可待因；恶心、咆哮，但都没有神志不清。

"该死的！真难以置信！"萨默维尔告诉门口的哈罗德·诺尔斯，"朋友，我再也不要经历这些了：幻觉、惊厥、崩溃、接近疯狂。"但是，最怪异的事情可能是，尽管他们之间相差25岁，诺尔斯竟然误把萨默维尔当作巴勒斯。萨默维尔说："我是复制品。"

巴勒斯和萨默维尔开始了一段浪漫关系，一直持续到20世纪70年代，巴勒斯很尊重萨默维尔在数学、计算机、电子和小型机械装置（尤其是录音机）等方面的专业知识。在巴勒斯的书中，他的形象是"下意识的基德"和"技术男提利"。他帮巴勒斯整理文件、归档。萨默维尔后来这样回忆他们初次见面："他有20个文件，其中17个都贴着'其他'的标签。"

基辛觉得萨默维尔聪明绝顶——在特别神经的细节上——他像通了电一样充满活力，他的握手能让人感到强烈的静态冲击。基辛有一个女性密友，名叫费利西蒂·梅森（Felicity Mason）（虽然基辛不喜欢女人，但他很讨人喜欢）；她实在无法想象巴勒斯和任何人上床，所以她向萨默维尔打听。"恐怖的刺激，朋友，"（可能是为了迎合她的问题）他说，"恐怖的刺激……"然后他笑了出来。

在《瘾君子》的末尾，巴勒斯提到了一个新气象，两位冷静的缉毒探员深度潜伏，无论从哪个方面看都是潮人，只不过他们为山姆大叔服务。1959年深秋，在巴黎，他碰到了类似的情况，《生活》杂志的两个搭档来拜访他，分别是作家戴维·斯内尔（David Snell）和摄影师卢米斯·迪安（Loomis Dean）。斯内尔的开场白是，"巴勒斯先生，

伊恩·萨默维尔在"垮掉"旅馆，哈罗德·查普曼（Harold Chapman）

大约拍摄于 1960 年

来根老金①"，与《裸体午餐》中豪泽和奥布莱恩的出场很类似（警察工作每天软硬兼施，豪泽会揍你，然后奥布莱恩会递给你一支香烟；"有点像警察抽老金，"李这样想道）。

巴勒斯对《生活》没有好感——《时代》《生活》杂志机构被认为是控制机器，后来成了眼中钉——但他喜欢斯内尔和迪恩。他告诉金斯伯格，他们俩很不一般，他们真正热爱自己的工作。

斯内尔和迪恩与巴勒斯闲逛了几天，迪恩拍了一些难忘的照片；其中有一张，巴勒斯在研究基辛的画，为了看清楚细节，他还戴了一副特别的眼镜。对于当年的最后一期杂志，巴勒斯没有追究他们的责任，于是1959年11月30日，杂志刊出了《唯一的叛逆》，作者是一位特约撰稿人，文章大体上概括了所谓的"垮掉"现象。

这篇文章引起了巴勒斯母亲的注意，她十分吃惊。巴勒斯的父亲当时刚刚犯了心脏病，母亲写信暗示巴勒斯的糟糕生活对父亲的病情没有好处。巴勒斯尽可能理智地回了封信。他读了那篇文章［"可能有点愚蠢……但那是大众媒体……（所以）还是要使用一些能引起轰动的元素"］：

> 为了挽回声誉，我可能得用头盖骨喝茶了，因为这是我身上仅有的缺点……每天四壶，多放糖……护士会一直泡茶吗？这个英国习惯似乎很适合我……希望我没有离谱地分到活着的最坏的坏蛋的角色，那可是已故的阿莱斯特·克劳利（Aleister Crowley）空出的名号啊……

他提醒母亲，拥有这些名号的人如今都备受尊敬，比如拜伦、

---

① 老金这里指香烟。——译者注

作家威廉·巴勒斯，以前是瘾君子，在"垮掉"旅馆里坐在一张破床上休息。《生活》杂志的卢米斯·迪安拍摄于 1959 年秋

波德莱尔，最后，他说："请告知爸爸的健康情况，衷心希望他早日康复。"

在斯内尔和迪恩到达之前，巴勒斯刚刚去了一趟伦敦，拜访登特医生。1959 年 10 月，当他们三人一起用完午餐回来的时候，布里昂·基辛给他们看了巴勒斯离开的这段时间里他的新发现。他到巴勒斯房间里用斯坦利刀给他装一幅画，无意间割穿了下面的报纸。被割开的报纸形成了新的并置，突然让他感到非常有趣。他刚刚发明了剪裁法，在接下来的 10 年里，剪裁法主导了巴勒斯的作品。

这并不是一个全新的方法。它关系到超现实主义的语言游戏，马塞尔·杜尚（Marcel Duchamp）已经实验过，他将正方形平均分成 4 个方格，然后放进 4 个文本，另外还有其他的组成概率，涉及音符或辞典。特里斯唐·查拉（Tristan Tzara）曾经提倡用剪刀剪开报纸，然后从袋子里拽出词语，组成诗歌。但是，剪裁法与查拉法的不同之处在于，它不是即兴地胡乱生成文本，而是对现有的文本进行处理，从而产生潜在的未知特点。

"写作比绘画落后 50 年。"基辛宣称，他的意思是，是时候让写作赶上拼贴和剪辑了［不过，在某种程度上已经有人尝试过语言的抽象形式主义，比如格特鲁德·斯泰因（Gertrude Stein），巴勒斯则认为艾略特的《荒原》是剪裁作品］。基辛特别感兴趣的不是剪裁而是变换，将这些短语重新组合，如，"妈妈会错吗？""宝贝，毒品不好！""没有哪个诗人文采不好。""我干的活你不懂！""我就是我！"（最后一句通过 120 种变化，于 1959 年通过英国广播公司广播，几乎达到了前所未有的听众不满意度）。另一方面，巴勒斯在自己的作品中使用了剪裁法，形成奇怪的愁闷、忧郁的散文诗，发现了新的素材，如：

悲伤的电影在垃圾岛上漂泊，黑色的潟湖和渔人在一个被遗忘的地方等待 —— 化石小酒吧被天花板上的风扇刮走 —— 年老的摄影师耍把戏不理会他们。

"我要死了，先生？"

我眼前的闪光灯裸露而阴沉 —— 腐烂的黎明在睡眠中刮风 —— 死亡在巴拿马照片上腐烂，雨篷拍打着。

他们用剪裁法很快发表了两本集体创作的书，都在1960年：《还差几分钟》（*Minutes to Go*）（由巴勒斯、基辛、格雷戈里·科索和辛克莱·贝里斯剪裁）和《根除者！》（请勿与巴勒斯后来一本类似的书混淆）（由基辛和巴勒斯剪裁）。《还差几分钟》的封面设计与"四分"剪裁很类似，有些书发行的时候还绑了一根带子，用文字主义的风格宣告，"与文学算账"。基辛觉得自己没有得到应有的认可，写信给《根除者！》的出版商抱怨没有充分说明他才是该技巧的发明者（"不是为了争取位次，"他补充道，"世事本就艰难……"）。

相反，这本书主要与巴勒斯相关。吉罗迪亚斯当时正在经营一家夜总会，他请巴勒斯吃饭，同时与另一个作者塞缪尔·贝克特（Samuel Beckett）见面。当晚，他们两人喝了很多酒（事后巴勒斯觉得非常不舒服，有一阵变得滴酒不沾），谈话也很艰难。由于背景是波萨诺伐舞曲，为了能让对方听清，巴勒斯往前探了探身体，贝克特问他："巴勒斯先生，你能不能说说你的剪裁法？"巴勒斯尽可能地给以解释。贝克特义愤填膺地说："那不是写作，那是管道作业（窃听）。"

关于那天晚上的事情，巴勒斯不太记得了，但是当时在场的约瑟夫·巴里（Joseph Barry）提醒他，贝克特显然说过："没有答案。我们的绝望是彻底的！彻底的！我们甚至无法相互交谈。这便是我对《裸体午餐》的体会，因此我喜欢它。"巴勒斯想不起来，但是他不同意贝

like cluster od electronci bees meetin

Then I caught the smell of this musi

raw goat skins incense damd spice a pe

This session went onfor two hours of

punctuated by the litany of the drummer

"Very good. Very good everything. Out

In the mountainfortress of Alamout whe

of the Mountain trained his assassins

"Nothing is true... Very good... Every

"Out of sight," We are hee are here

All spirits These our actor as I fore

es in the Middle Ages, in courts

lly he has his own special perfume

of music..

e room began slowly at first

his musical splicing musical

t emerged as the session developed

room. Magnetic sprial, produnced

filed whirl through the room

g and exploding in air. Ten

c a musty smell of ozone and

rfume you can hear and smell.

rapt attention and short intermissions

...

of sight..

are Hassan i Sabbah the Old man

. His last words...

thing is permitted."

to go.

tld are all spirits.

Berdous the drummer and jester

"Very good everything."

You can easily see him in drafty castl

and Claiphates..

Maalem Fuddal Attar round faced and j

So Mohamed our host a spectral spirit

Ornet Cole,an who was half way down th

feeling his way. He is an expert in t

surgery he calls it and the musica th

was a force felt by everyone in the

at point of interesection bxtween sound

巴勒斯的剪裁："四分法"

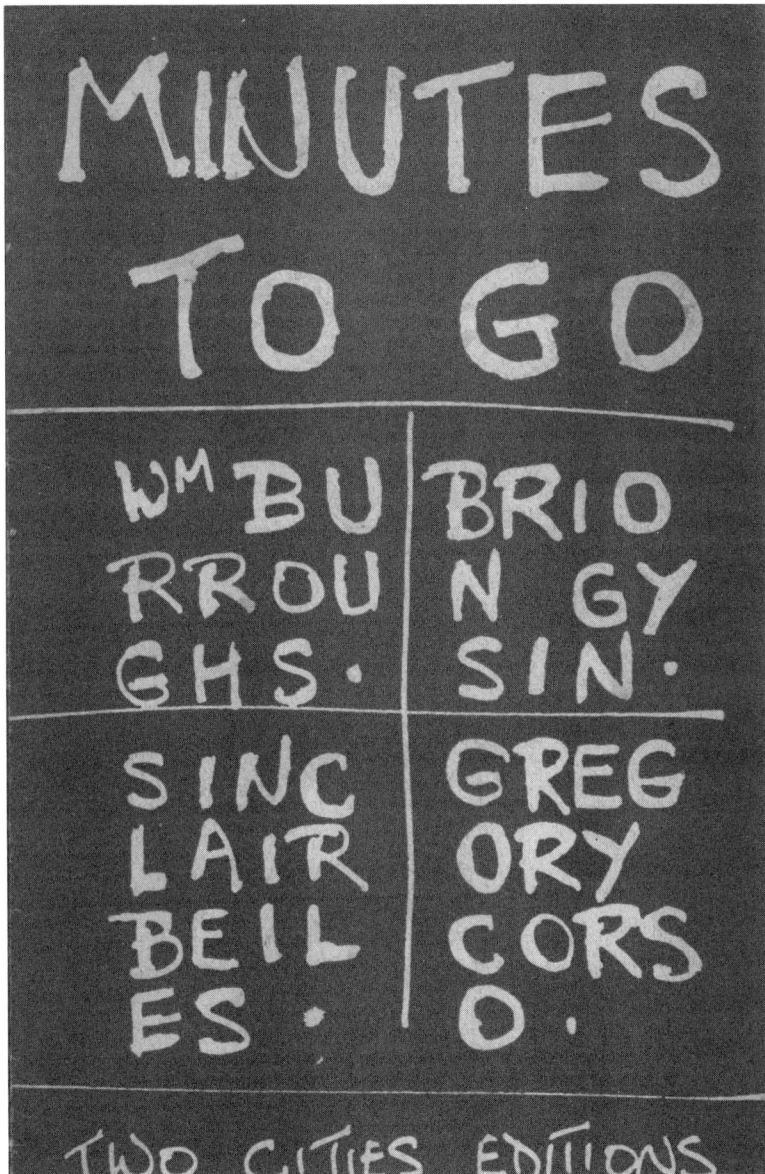

MINUTES TO GO

WᴹBU RROU GHS.	BRIO N GY SIN.
SINC LAIR BEIL ES.	GREG ORY CORS O.

TWO CITIES EDITIONS

1960 年出版的《还差几分钟》的封面，像 "四分" 剪裁

克特没有答案的说法，他告诉巴里："有答案。"文学抑郁和文学偏执显然不一致。

事实上，在巴勒斯手中，剪裁法不像管道作业，更像是魔法，随着时间的推移，这魔法越来越神奇。例如，剪裁政客的演讲，一经剪裁，就能从那些尴尬的并置中发现他们"真正"要讲的内容，但是巴勒斯发现剪裁法能预知未来：剪裁现在，就能泄露未来。他剪裁了一些词句，例如，"快，汤姆，该你了"，下面就该看到一个大标题——"汤姆溪溢出了河岸"。

与此同时，基辛在巴黎为巴勒斯拍了一系列的照片，他后来告诉特里·威尔逊，打算做一个魔法行动，把巴勒斯引进法兰西学院。巴勒斯也在巴黎做了一个魔法行动，多少受了基辛的影响，当时他诅咒了一个卖报纸的老妪。他每天必看《哈罗德论坛报》(*Herald Tribune*)，所以每天要去圣米歇尔广场的报亭向那个骄横的老太太买一份报纸。他一直对不敬或轻蔑比较敏感（在伦敦，这种情况使他暴怒），而这个老太太似乎对他很轻慢，终于他对基辛说，要去修理她。事情的爆发是这样的：有一天一条狗扑向他的雨衣，他一把推开，接着就听到那个老太太大声叫骂。他感到一阵厌恶。几天后这个老太太在报亭里面点煤油炉，突然炉子爆炸了，她被送去了医院。报亭现场还能看到一块烤焦了的补丁，巴勒斯和基辛则坐在附近的咖啡馆满意地看着事发地。

斯伦贝谢医生难以理解巴勒斯陷入的新维度以及剪裁法带来的新的精神突破。巴勒斯认为，"憎恨和不幸催生了阴冷的风，送来一次飞射"是指海洛因注射，但是后来基辛指出那是指射击琼。巴勒斯开始称基辛为他的"灵媒"（"跟我的灵媒交谈"），这位灵媒给了他一条可能改变人生的信息。

"在巴黎，布里昂·基辛对我说：'丑陋的灵魂射杀了琼，因

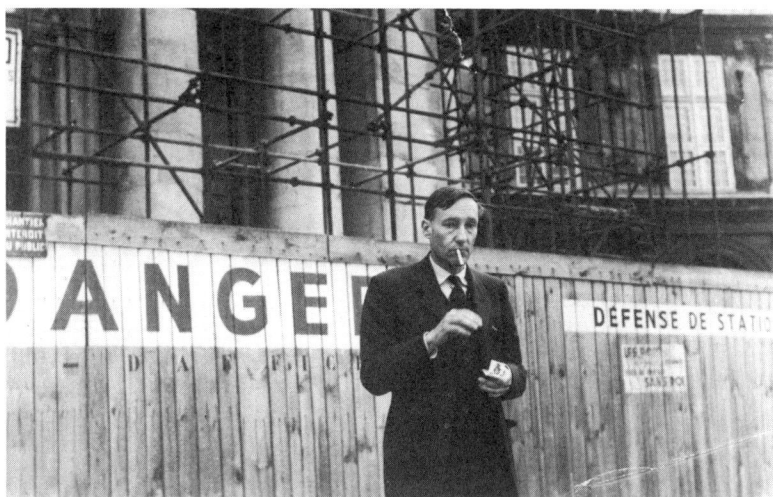

巴勒斯在点烟，巴黎，大约 1960 年

为……'有点儿像没讲完的通灵的消息——或者讲完了？"他们还在思考，似乎已经够完整了。

"丑陋灵魂"的概念是基辛的，但是那几年，每次当他要弄清楚自己的人生时，这个概念就在巴勒斯心头盘踞。他的"言语即病毒"的观点还是后话，但是关于言语即病毒，这个短语简直是再好不过的例子——本来活在一个人的大脑里，通过空间在两个人之间交流，然后活在并盘踞在另一个人的大脑里——扎根在巴勒斯的脑海里。

有一个笑话，说的是一个口吃的水手站在甲板上，正自烦恼，但又说不出来。有人告诉他：唱出来，如果你说不出来，就唱出来。他突然就开口唱了：

> 怎怎怎能忘记旧日朋友，
> 心中能不不不怀想，
> 该该该死的厨子下船了，
> 船已经开出来20英里了！①

这与心理分析奇妙地相关，有时候好像是把事情剥离，再去找"合适的言语把它说出来"，巴勒斯记住了这个笑话，称这可以作为他最后一次精神分析的题词。他在一封写于1959年10月的信中告诉金斯伯格，斯伦贝谢医生已经像那个厨子一样下船了，被抛在后面几个世纪了。

几个世纪很长。与剪裁法一道，基辛又向巴勒斯介绍了未来主义的、科幻风格的精神治疗运动，即山达基教。有关山达基教的短语和

---

① 此处口吃的水手套用苏格兰民歌《友谊地久天长》唱出了要说的话，前两句为原歌词，后两句是水手要说的内容。

情绪开始出现在巴勒斯写给金斯伯格的信里（有一种新的很酷的感觉，基辛已经开始取代金斯伯格在巴勒斯心中的感情地位了）。"你好——对——你好"，巴勒斯写道（这个短语来自山达基教），他告诉金斯伯格自己无法解释这个新方法，除非金斯伯格能适当接受培训。因此，他建议金斯伯格去找山达基派的听析员，自己先"动"起来。不过他似乎又进退两难，又让金斯伯格不要理会他的建议："总之，我知道你不会去的，这也不是完全写给'你'的。"

金斯伯格完全不知所云。他还没有见过基辛，大约一年之后，他回到"垮掉"旅馆的时候两人才见了面，那时巴勒斯已经走了。基辛很不客气，金斯伯格完全摸不着头脑，基辛告诉他巴勒斯已经走了，因为不想见他。

实际上，巴勒斯是因为骆驼鞍的事情离开的。在巴黎法院，他已经承认，那个秋天他们所说的骆驼鞍生意就是计划贩卖印度大麻，但仅限于此，他们并没有付诸实施。他的辩护律师说巴勒斯是个文人（巴勒斯觉得，只有在法国，这种说法可能有点帮助；在美国，事情会变得更糟），他写的反毒品的文章《证词：关于一种疾病》，即《裸体午餐》的附录马上要发表在大名鼎鼎的《新法兰西评论》（*Nouvelle Revue Frangaise*）杂志上。于是巴勒斯被释放了，不过被判了罚金和缓刑。

但是，不久以后，巴勒斯接到了美国大使馆的电话，请他去谈话。他们提醒巴勒斯由于他在法国被控毒品犯罪，法国人打算驱逐他。同时，他们让他注意保持自己的房间干净。巴勒斯与律师确认，似乎法国根本没有打算驱逐他。但是他反复琢磨让他保持房间干净的事情，觉得可能会有另一场突击搜查，他越想越觉得有可能发生，越想越觉得自己会被陷害。

1960 年春，他离开巴黎，去了伦敦。

第八章
1960—1965 年的巴勒斯：不受欢迎的外乡人

1960 年 4 月，巴勒斯搬到西伦敦的伯爵街区，那是个鱼龙混杂、文雅又下流的地区（像他在《瘾君子》里面说的"边界划分不明的区域或过渡区域"），住在莉莉路 25 号的皇后酒店。酒店当然早就不复存在，现在是皇后州大厦、军情六处的中心、英国政府通信总部窃听部，最近还有警察局。说到换个地方开始新的生活，巴勒斯最初喜欢伦敦是因为他以为这个地方的人不爱管闲事。他与萨默维尔保持联系，但是他独自居住，喜欢在开阔的布朗普顿公墓附近闲逛，那是一种很好的休息。

1960 年，巴勒斯给基辛寄了一张新年贺卡，上面写着"对启蒙城堡实施闪电战"，他无法抛弃 1959 年那些奇怪的经验了。受到基辛的重要影响，巴勒斯继续一头扎进精神旅行和剪裁法，有些人认为他陷入了疯狂和晦涩。除了剪裁法和毒品，城堡闪电战的另一件武器大约在这个时候与闪频灯一起出现了，这便是基辛著名的"梦想机器"。

1958 年，乘公共汽车行驶在法国公路上的基辛突然经历了一场接近神秘的"色彩风暴"，这是由树和树之间的间隔引起的，法国公路过去最常见的特点就是规则的树和闪烁的影子（西里尔·康诺利回忆道："透过打开的窗户，悬铃树沙沙作响……"[1]）。

---

[1] 西里尔·康诺利（Cyril Connolly），《不平静的坟墓》（*The Unquiet Grave*），伦敦，1945 年，第 62 页。

他跟巴勒斯谈到这一经历，巴勒斯后来借给他一本相关的书，即威廉·格雷·沃尔特（W. Gray Walter）的经典作品《活着的大脑》（*The Living Brain*）。沃尔特是一个神经生理学家，从20世纪40年代就开始用频闪仪做实验，让大脑的内在韵律如阿尔法波以每秒8—13圈的速度与频闪仪发生作用。奥尔德斯·赫胥黎（Aldous Huxley）也在其1956年的著作《天堂与地狱》（*Heaven and Hell*）中谈到闪频灯，认为它"可以辅助视觉经验"。

"闪频灯"或频闪灯已经被证明有漫长而惊人的历史了：托勒密（Ptolemy）注意到在观测者和太阳之间旋转一个辐条轮会产生视觉图形和精神愉悦；据说，诺斯特拉德马斯（Nostradamus）曾经在凯瑟琳·德·梅第奇（Catherine de Medici）紧闭的两眼睑之间挥动手指，令她产生视觉。基辛大肆宣扬这种体验，暗示公路上的圣保罗变成了大马士革或看到基督教的"天堂之光"等可能是一种闪频效果，也许还会给他带来十字架的视觉效果。

除了图案和十字架，闪频灯还会使敏感人群产生典型的"催眠"影像，与过度劳累或接近睡眠的视觉相差无几。格雷·沃尔特有一个研究对象看到了"小矮人们把帽子拉到眼睛上在田野里呈对角方向列队前进"，基辛报告自己看到了"科幻梦境，我想象自己仿佛在海底游泳，然后海底出现了大型软体动物，透过它们又看到了戴着达·芬奇式帽子的游泳者，还看到他们之间各种争斗的梦境"。

凭借在数学和小机械装置方面的天分，伊恩·萨默维尔轻松地发明了一个技术含量较低的有一定频率的频闪器。1960年，他写信给基辛，称他已经制造了一个"简单的闪频机器"，在开槽的圆柱形纸板筒上悬挂一盏灯泡，让纸板筒在记录板上以分钟次的转速旋转，他闭着的双眼看到了漂亮的万花筒的效果。

基辛在萨默维尔的指导下及时制作了这种机器。1961年7月，他以自己的义名取得了法国专利权，专利号为 868281，专利名称是"产生艺术视觉的装置"。

基辛对"梦想机器"寄予厚望，尤其在经济上。在他结交的一些富有女人中间，他在海伦娜·鲁宾斯坦（Helena Rubinstein）的橱窗里展示了一台机器，佩吉·古根海姆（Peggy Guggenheim）很感兴趣，但她的艺术顾问艾尔弗雷德·巴尔（Alfred Barr）阻止了她。菲利普电气公司也很感兴趣，但是在 20 世纪 60 年代，菲利普电气发现，把闪频机像熔岩灯一样地放在客厅可能会引发癫痫症，那么其市场前景堪忧。保罗·鲍尔斯（Paul Bowles）曾经嘲讽地预计梦想机器将成为"青少年罪犯新的乐趣"，但就连这个也未能实现。

不过巴勒斯却给人留下了印象。约翰·盖革（John Geiger）注意到了他有关这个主题的出色的短篇小说《极端体验的小教堂》（Chapel of Extreme Experience）以及 20 世纪 60 年代初期有关闪频机产生影像的书，特别是《爆炸的票》和《新星快车》（Nova Express）。在《爆炸的票》中，巴勒斯式的精神世界包括"闪频机幽灵街区"等段落，如：

> 闪烁的光笼罩着游泳的男孩，磁性的银光爆出了声音和影像的火花 —— 色彩创造拼接的花园 —— 一层层剥开，红、黄、蓝色的泳池里倒映着透明的人，这个人戴着花色呼啦圈裸露在蓝色的暮光中……圆筒闪频机里透出的光、声音和音乐越过了水面。

此时，蒂莫西·利里（Timothy Leary）也在哈佛研究毒品，他在 1960 年尝试过迷幻蘑菇，接着就开始宣传迷幻药。金斯伯格与他有联系。1961 年 1 月，显然是为了回复金斯伯格帮巴勒斯提出的询问，奥尔德斯·赫胥黎从瑞士回信给金斯伯格："我觉得对巴勒斯而言，最好的办法就是写信给赛洛西宾的发现者艾伯特·霍夫曼（Albert Hoffman）医生……询问他能否帮助一位虚构作家对毒品进行实验性的测试。"他还补充说，关于迷幻药的研究正在进行，可能会"通向深层的自我发现"。

金斯伯格力劝利里激发巴勒斯对赛洛西宾的兴趣："他比其他任何一位活着的人都了解毒品。"1961 年，利里写信给巴勒斯，巴勒斯回信说，他会试试迷幻蘑菇并详细记录，就像以前尝试麦司卡林一样："我想广泛服食这些毒品可能会改善各个方面的情况，也许可以映射并根除神经官能症的整个区域……"

某些毒品达到的状态、区域或精神世界有时候相当一致和熟悉。当英国人类学家杰弗里·戈洛（Geoffrey Gorer）于 20 世纪 30 年代服用麦司卡林的时候，已经有一些古怪的、巴勒斯式的描述：

> 廉价的殖民展出效果、发光的喷泉……有轨电车在红灯亮的时候通过……越野摩托车带着灯塔旋转……廉价而丑陋版的天堂……总是亮闪闪的游乐场……克利几乎肯定在服用或已经服用了麦司卡林……就像活在彩色电影里一样憋闷……喜欢爵士乐队队长设想的天堂——模糊地忆起甜腻腻的爵士曲子——我为那些喜欢它的人感到遗憾……

同时，关于毒品，特别是迷幻药，它们的确会因环境而异，因人而异，而巴勒斯的体验则是与众不同的。他经历过一段糟糕的时期。1961 年 3 月，他尝试了赛洛西宾，引起了讨厌的幻象：绿色的男孩长着紫色的真菌鳃。过了一个月左右，他又尝试了 DMT，即二甲基色胺，情况更糟糕，产生了痛苦的有关白色烧烤炉的幻象。

1961 年夏末，利里和几个多少也算是"垮掉派"的人待在丹吉尔，包括巴勒斯、金斯伯格和科索，还有他们的朋友安森和萨默维尔。那是一个即将迷幻的夏天，是内部人士为数年后那些事件进行的一次排演。"利里来了，用蘑菇把我们全部放倒了，"萨默维尔写道，"……泛爱抬起了它丑陋的脑袋。"

对巴勒斯来说，抬头的妖风不是这个。利里记得，半是记忆半是戏仿，巴勒斯蹒跚着后退，一只手放在他憔悴的、大汗淋漓的脸上，说：

> 我想提醒一句。我不太舒服。我被疼痛滋生的越来越多的紫色火焰迷惑了。紧急提醒……我打算服用一些阿扑吗啡。这个部门处理的最严重的情况之一。
>
> 你们接着去市场，去看电影，把脑波调到没有灵魂的虫人。

巴勒斯不喜欢迷幻药，他写信告诉利里迷幻药很危险，DMT 尤其糟糕。"我已经用寓言的措辞描述过这种体验，完全真实，而且会有无法忍受的疼痛"：

> ……火焰穿过血液：照片掉下来 —— 言语掉下来 —— 闯入灰色房间 —— 塔楼开火 —— 一阵痛苦和厌恶使房间颤抖就像一个笨蛋在射击 —— 他打中了 —— 我在敌人的领地上、在屠夫塞米的手上被停了。
>
> 烤炉是关的在我的周围发出金属栅格的光晕紫色蓝色和粉色遮挡着灼热的光和肉体在屠夫塞米的绞肉机的下面烤炉里白热化的蟹类生物昆虫般冷酷的眼睛。
>
> ……白热金属格子在虫人那没有灵魂的地方。

巴勒斯服用 DMT 和赛洛西宾引起的糟糕的毒品体验都被写进了

他的作品，特别是《新星快车》（*Nova Express*）里的明罗德之地、黄铜和红铜的街道、昆虫和甲壳纲人群，还有痛苦的炉子。利里后来在《迷幻药评论》（*The Psychedelic Review*）上谈到了巴勒斯的观点：

> 巴勒斯当时正在研究神经学地理理论 —— 某些皮层区像天堂般美好，而另一些则像恶魔般邪恶。像进入新陆地的探险家一样，标出友好区和敌意区很重要。从巴勒斯的药理学绘图来看，DMT 将旅行者送进了陌生的、明显不友好的区域。

尽管他对迷幻药缺乏好感（如利里所说，"冲进科幻的妄想"），但是巴勒斯同意参与利里的哈佛项目，即出席 1961 年 9 月在纽约斯塔特勒酒店举行的研讨会，但是他拒绝再服用赛洛西宾，在与利里的团队相处几个月之后，他觉得他们合不来。泰德·摩根写道，巴勒斯没有来"听有关爱和宇宙统一的瞎扯。他想谈的是神经学的移植和脑波发生器"（即频闪机器）。而且，"当时他没有服食海洛因……但是他喝大量的杜松子酒"。

他们的波长很不一致。巴勒斯和利里最终恢复了友谊，但是此时，巴勒斯写信给金斯伯格："我希望再也不要看见那个蠢货。"他受够了"利里和他邪恶的项目"。20 世纪 60 年代初，巴勒斯和利里之间的分歧成了一个分水岭：巴勒斯成了一个反主流文化的重要人物，但是他和爱、和平格格不入，他仍然执着前行。

巴勒斯免不了劝说利里服用阿扑吗啡 —— 利里对此不感兴趣 —— 同样，他还向利里推荐剪裁法，不服用毒品同样能得到快感。在利里的印象里：

> ……迷幻药瓶，在奇怪的地方抽烟的画面，像分隔词一样既

熟悉又陌生的状态，美丽和丑陋的幽灵在大脑中开花像某些致命花瓶中的吓人的妖怪，这些孵化出宇宙和传说，透过思想的电影溢了出来……

在丹吉尔糟糕行程的第二天，巴勒斯开始试验画面拼贴；最后他贴了好几个剪贴本。约瑟夫·科奈尔（Joseph Cornell）是装配超现实主义盒子的艺术家，巴勒斯则是联想和联想组合的艺术家。科奈尔这样描述他本人：

> 创意归档；
>
> 创意安排；
>
> 作为诗学；
>
> 作为技巧；
>
> 作为愉快的创作。

巴勒斯很清楚某些并置和既定坐标的力量，就像火车汽笛和燃烧的树叶一样，一谈到普鲁斯特的影响和"关联线"他就会想起这些。在一次特别重要的 1965 年《巴黎评论》（Paris Review）的采访中，他谈到探索"言语和形象是如何绕开非常复杂的关联线的"：

> 我练习了很多次我所说的时间旅行，使用坐标，比如我在火车上拍了什么照片，我当时在想什么，我在读什么书，我写了什么；所有这些可以及时反映出那个时间点的我。

让·谷克多（Jean Cocteau）——他也喜欢使用鸦片随意改变自己的头脑——也有相关的看法，他写道："《可怕的孩子们》（Les

Enfants Terribles)是在《演艺船》(*Show Boat*)的'虚构'困扰中写出来的：喜欢这本书的人应该也买唱片，一边播唱片一边读书。"

与剪裁法一道，巴勒斯的拼贴画也是大型组装美学的一部分，有时候被认为是精神分裂，但也是 20 世纪中期的主要艺术形式。20 世纪 60 年代初期，巴勒斯相信没有什么是剪裁法做不了的。剪裁法可以创作散文诗，也可以是一种精神疗法，不仅能够产生新的联想，而且可以分解旧的、坏的、受制约的联系，把它们拖垮并擦除，擦去言语，以便形成更无声和直接的看法。剪裁法可以洞悉一个文本或一个人"真正"要说的内容，甚至可以预示未来。

这种随机的洞察力使剪裁法具备一种玄奥的特点，有时候又迷失在无线电信号和空白录音的回放中。在丹吉尔，利里拜访巴勒斯的时候，巴勒斯有几台调至静态的无线电，他后来对康斯坦丁·罗迪夫（Konstantin Raudive）等人的"电子声音现象"——在空白录音带上听到的声音——很感兴趣。这些声音，有时候被认为是死者的声音，似乎源于一种将可识别模式施加至随机感觉数据的倾向。巴勒斯以此为主题写了一篇文章——《它属于黄瓜》（标题是听到的一段声音），将电子声音与剪裁法以及基辛和萨默维尔做过的磁带录音机实验相联系；他还提到剪裁约翰·保罗·盖蒂（John Paul Getty）的一篇文章后，发现"起诉你父亲是件坏事"，不久之后，盖蒂就被儿子起诉了。巴勒斯喜欢说："你剪裁现在，就泄露了未来。"

1962 年 8 月，英国出版商约翰·考尔德（John Calder）在爱丁堡文化艺术节上组织了一场国际文艺研讨会，70 多位作家参加。研讨会成了一场辩论，一方是传统作家，如丽贝卡·韦斯特（Rebecca West）、斯蒂芬·斯彭德（Stephen Spender）和薇塔·萨克维尔-韦斯特（Vita Sackville-West）；另一方是激进作家，如亚历山大·托鲁奇（Alexander Trocchi）和巴勒斯。

　　巴勒斯按照实际情况概述了他的项目,解释说,他在"担任一个制图员,研究人体的精神区域"。他简要介绍了正在写作的两本书《软机器》(标题指人体)和《爆炸的票》里面讲到的"太空时代……新的神话",这两本书将与《新星快车》构成所谓的"剪裁"或"新星"三部曲。巴勒斯的神话涉及对天堂和地狱新的想象:天堂完全自由(摆脱了一切,包括控制和权威,还包括过去的一切制约、瘾癖和无法控制的欲望),地狱"掌握在敌人手里"或者说"受到控制"(受一切控制,特别是瘾癖和制约)。"新星"三部曲的主要特色是新星暴民对地球科幻式的占领,一伙星系间的罪犯向人类宣传并传播,使人类对性、语言和权力上瘾。拯救这个星球的唯一希望是巴勒斯探员,即新星警察局里的调查员 J. 李,他利用剪裁法和阿扑吗啡与邪恶做斗争。

　　巴勒斯还发言反对爱丁堡的审查制度,指出了消费社会中广告与性的联系,谈到了剪裁法及其近亲"折叠"法,坚持认为没有什么东西是无缘无故地专制或达达主义的。尽管他严肃地真诚到几近痛苦地阐述自己的创作,一些代表仍然认为剪裁技巧肯定是个骗局。科林·麦克因斯(Colin MacInnes)对他表示同情,对巴勒斯的精神健康表示关心;史蒂芬·斯彭德提出,虽然巴勒斯的方法听起来很现代,甚至很科学,但是"对我而言,还是有点像中世纪的某种巫术"。

　　巴勒斯赢得了会议,实际上,正如《苏格兰人报》(The Scotsman Newspaper)所说,他把会议"送进了轨道",但他仍极具争议。1963年 11 月,《泰晤士报文学增刊》评论了《裸体午餐》《软机器》《爆炸的票》和《坏指谈天》(Dead Fingers Talk),标题为《呸……》。"咕嘟咕嘟,味道令人作呕。"匿名评论员约翰·威利茨(John Willets)说,挑起了该报史上最长的通信。约翰·考尔得先是表达了诚意,接着大约有 35 封信,包括伊迪丝·西特韦尔叽叽喳喳地批评("我几乎没有被谁指责过逃避现实，但是我可不希望用我的余生去闻其他人的厕所。我更喜欢香奈儿5号"），还有迈克尔·穆尔科克（Michael Moorcock）和安东尼·伯吉斯（Anthony Burgess）的辩护，还有巴勒斯本人的回应，他坚持自己作品传达的道德信息。

与此同时，《裸体午餐》在美国也遇到了麻烦。1962年10月，印刷工罗塞尔·哈利戴（Russell Halliday）告诉格罗夫出版社（Grove Press）："我们已收到您有关巴格斯（原文如此）撰写的《裸体午餐》的印刷订单。现在我退订，因为我不想让自己的名字与这种文学类型扯上关系。"他们又找了另一个印刷工，但是1963年1月，一个波士顿书店老板被捕，原因是他在销售这本书，次年1月，一场淫秽审判拉开序幕。检察官想知道为什么书中有那么多狒狒；诺曼·梅勒（Norman Mailer）赞扬了该书的文学；艾伦·金斯伯格说它谈了各种形式的上瘾，包括权力瘾；诺曼·霍兰（Norman Holland）作证说，它是一本有关原罪的宗教小说，圣奥古斯丁（St Augustine）可能会写类似的作品（有观点认为这一行为可能会冒犯天主教法官）。

1965年，这本书被判淫秽。经过上诉，马萨诸塞州法院在1966年1月判其不属淫秽作品，终结了美国的文学作品审查制度。

诺曼·霍兰觉得巴勒斯在某种程度上是宗教作家，是因为他的"新神话"和随后的思考在很多方面有诺斯替教派的影子。在罗马帝国时代，诺斯替教派是早期基督教的异教徒，他们相信物质世界是邪恶的。物质世界是黑暗和排泄，灵魂——以光的形式存在——必须摆脱它［塞缪尔·贝克特的诺斯替教主题的剧本《克拉普最后的录音带》（Krapp's Last Tape）则把地球称为"这个陈旧的黑球"，隔开黑暗和光明］。巴勒斯和原创的诺斯替教徒走得更远，他想出了一个拙劣的神——在诺斯替教徒眼中则是"造物主"——掌管世界，由他的亲信坏天使执政官辅佐。因此，必须逃离地球——"是时候看看这个破旧的、会发出辐射的、警察都堕落了的星球有什么未来了"——无论这种逃离是精神上的，还是科幻小说里的。

巴勒斯观察觉得这个世界一团糟，他想，如果他来自另一个星球，前来探访我们这个星球，那他首先想到的是："我要见你们的经理！谁对这个乱糟糟的星球负责？"巴勒斯提出的拙劣的神是新星暴民的头目——布拉德利先生马丁先生（这个人名由两个名字叠加在一起，刻意暗示了堕落的二元对立的世界）。出人意料的是，巴勒斯将他与基督教的寓言作家 C. S. 刘易斯的理念相比较："那个不正派的……那个邪恶的灵魂，他觉得，将会受到地球的掌控。"在巴勒斯的作品中，结局是极其认真的主题。"是什么把你们全部吓进了时间？""是什么吓得你们全都缩进了身体？"因此，在《死藤水信函》中，巴勒斯向金斯伯格提问，在《新星快车》的前几章节——《遗言》和《囚犯现身》——里面又屡次重复这些问题，囚犯即地球上的囚犯。巴勒斯以哈桑·沙巴的名义写道：

> 他们会告诉你，不要听哈桑·沙巴的。他想夺走你的身体和你身体上所有的愉悦。听我们说。我们供应极乐花园道德败坏宇宙意识史上最棒的毒品迷幻效果，还有污水桶里的爱爱爱。你们这些男孩子觉得怎么样？

巴勒斯对利里的毒品乌托邦表示反感，在《爆炸的票》中的相关章节《你爱我吗？》中，他继续写道："听：他们的极乐花园是一个下水道——在《裸体午餐》和《软机器》的某些所谓的色情章节里，为了绘出终端污水的区域，我是下过苦功夫的……置身于他们的极乐花园之外——那是个以绿色黏稠物告终的吃人的陷阱。"相反，哈桑·沙巴只提出了"一个彻底的朴素的反抗计划",批判"言语"或语言意识,提出剪裁法、沉默和阿扑吗啡都是治疗方法。

它可能是这一见解的诺斯替教极限(伴随着相关的全面偏执观点;巴勒斯形容《软机器》是"持续被大量饥饿的寄生虫围攻的人体"),这让批评家托尼·坦纳(Tony Tanner)提出,巴勒斯最重要、最有价值的地方是他原创性地"妖魔化现实"。这很重要,但却不完全是原创的。若干评论员注意到了诺斯替教观点,在 1984 年的一次采访中,在被问及"宗教信仰"时,巴勒斯回答:"诺斯替教或摩尼教。"

受困于物质世界,1963 年,巴勒斯与萨默维尔去了丹吉尔,起初有基辛和米基·波特曼(Mikey Portman)陪伴他们。波特曼是一个年轻的公校男生,是巴勒斯执着的粉丝,还在伦敦的时候就喜欢上了巴勒斯。他们住在拉腊什街 4 号本地人聚居区的廉价旅馆里。当地的阿拉伯人很讨厌他们,尤其因为同性恋滥交而看不起萨默维尔,在大街上大声辱骂他们,往他们的门上扔泥巴。

巴勒斯的儿子小比利渐渐长大,没精打采、多灾多难、不走运;先前的一年里,他开枪射中了一位友人的脖子,而他原以为枪支没有上膛。1963 年,他去丹吉尔与父亲及萨默维尔生活,但是这次访问却不顺利。比利似乎对摩洛哥既不好奇也不激动,对什么都不感兴趣,这让巴勒斯非常失望。另外,巴勒斯的打扮看起来像个银行职员,比利起初感到震惊。巴勒斯本来希望这次相处能让他们重建亲密的父子关系,但是他们却似乎没有默契可言。

一天晚上,巴勒斯听到比利一个人在隔壁房间弹吉他,突然想哭。6 个月后,比利离开父亲和那些污秽的朋友回家了,坚定地说:"我确信这个地方 —— 丹吉尔 —— 是我完蛋的地方。"他是一个无能又倒霉的存在,他也染上了毒瘾,还爬上屋顶与阿拉伯邻居对抗,这是一项禁忌,传统上只有女人才会那么干。

　　在此期间,巴勒斯及其作品仍然极具争议。皇家海关秉承保护公众的优秀传统,于 1965 年在多佛突袭巴里迈尔斯,没收并销毁了十数本《爆炸的票》。巴勒斯本人在美国和英国入境时不断遇到海关和签证麻烦,他在这两个国家已经被认定为不受欢迎的人。有一次,他被问道:"巴勒斯先生,您为什么到英国来?"他回答道:"为了这里的食物和气候。"

　　在《呸……》争议期间,安东尼·伯吉斯为巴勒斯辩护时,曾称巴勒斯为"那个彬彬有礼、热情好客、极具才华和奉献精神的作家",并为没有及时加入辩论而道歉,唯一的理由是他曾经去过丹吉尔,并与"作家本人"接触过。伯吉斯和他的妻子林恩于 1963 年遇到巴勒斯,他们相处得很愉快,并一直有联系。数年后,在一家伦敦酒吧,巴勒斯问伯吉斯是否与伦敦的其他作家交往。伯吉斯回答说:"不,那些都是贱人。"

　　伯吉斯把他与巴勒斯的相遇写进了他的第二本恩德比小说,即《恩德比的外部》(*Enderby Outside*),恩德比在丹吉尔一家名叫"肥白的时髦外国佬"的流亡者酒吧里遇到了"一个看起来很危险的文化人"。"他看起来像个送葬者,或者殡葬员;他穿着黑色西装,他的眼镜是接近方形的黑色边框,就像《笨拙》(*Punch*)杂志刊登过的讣告边框一样。"他的声音"不无慈悲",但是听起来"有些累,并没有什么差异"。完全合乎人物的是,这位虚构的巴勒斯也忙着剪裁报纸和并置文字:

　　　　余额慢速手淫付款咨询乳白色精液形状注意那个问题绿色的屁股穿过幽灵推迟。

　　关于巴勒斯的写作有的还引发了戏仿。约翰·威利茨在《泰晤士

巴勒斯在巴黎，大约 1963 年

报文学副刊》上盘点了巴勒斯的作品，这本身就是一个戏仿，"刻板的碎片"：

> 细胞外质、果冻、跟班小弟、摩天轮、二手避孕套、蜈蚣、老照片、紧身底裤、旋转闸门、新手和毛发。

巴勒斯描写的景物十分明确，游乐场，空地，中国蓝的天空，20世纪 20 年代的电影，顺着街道传来的木柴燃烧的味道和钢琴声，火车鸣笛，远处星星发出的暗淡的光，玫瑰色的墙纸和黄铜的床架，嚼着红色口香糖的头发淡黄的男孩子，畸形的鱼在黑暗的湖面上懒懒地咬着精液，穿着白色的雨衣坐在咖啡馆外面、用长长的磨砂杯喝着脊髓液。

隐约的淫秽是巴勒斯的另一个特色，如《裸体午餐》中 A. J. 的烟斗（"烟斗是用某种下流的弹性材料制成的，像恶心的爬虫一样起伏摆动"）或"在某种不明服务中被用坏了的、扔在地板上的发霉的东西：为了保护扇形、平坦的娇嫩器官进行了紧身内裤式样的设计；多层捆扎、支撑和绷带；大的马蹄形枷锁，缀有粉色多孔石；一端有切开的小型引流管"。

20 世纪 60 年代，巴勒斯复杂的参考书目渐渐使他看起来不太像小说作家，倒像是某种多产的视觉艺术家 —— 全是素描、变体、系列、重新加工、实验和论文 —— 大多出现在小众杂志和淫秽专辑里。1964 年，他在《泰晤士报文学副刊》上写了一份声明《萨顿-史密斯女士的技巧》（*Techniques of Lady Sutton-Smith*）。萨顿-史密斯女士是丹吉尔的一位英国女人，除了在当地的麻风病人隔离区教插花艺术之外，她还喜欢玩剪裁技巧（"我觉得言语就像动物一样是活的。它们不愿意被固定在页面上，所以我把页面剪下来，让言语走出来"）。她阐述了经典的四分剪裁法（"沿着线剪开，把第一片和第四片放到一起……"）。实际操作起来，别无他法；它会产生出乎意料的、适合的、超现实的效果。

她还喜欢在意识和专注的模式下用交叉点、打印的坐标和专栏等让自己觉得有趣的方法在大脑中散步。这也是巴勒斯与英国先锋作家杰夫·纳托尔（Jeff Nuttall）合写的一份声明，纳托尔曾经在他的报纸《我自己的杂志》（My Own Mag）上发表了一系列的巴勒斯作品。1964 年"丹吉尔特辑"的封面上，纳托尔画了一张巴勒斯戴着土耳其毡帽的画像（飘出邪恶的香烟烟雾，看起来很像他"国际超级惯犯"的形象）。里面是一篇巴勒斯自己的文章——《运动的时代》（The Moving Times），一共三列：巴勒斯越来越感兴趣的是剪裁法，他跳着专栏读报，眼睛下意识地看着这一栏，心里却在读另一栏（后者也可以联系他常见的冲击感）。《我自己的杂志》也设有巴勒斯的"答读者问"专栏，巴勒斯自称"威廉叔叔""亲爱的霍默萨普阿姨"以及"把问题扔过来的萨顿-菲克斯女士"。

巴勒斯清晰地记得，第一批《我自己的杂志》到达拉腊什街 4 号时，邻居充满敌意，用石头砸门，因为杂志送到时正碰上一个木头物品撞向天窗。巴勒斯当时非常缺钱，不过他很快开始收到《裸体午餐》美国版的版税，于是他搬到了拉克洛瓦街 16 号国家彩票大楼楼顶的一所豪华公寓，里面有大窗户和真皮家具。

这个地方好多了，但是丹吉尔似乎越来越敌视外乡人，于是巴勒斯准备离开。当时基辛在纽约，于是 1964 年 12 月，巴勒斯回到了美国，《花花公子》安排他重访圣路易斯，请他写一篇怀旧的文章。巴勒斯搜集了童年时期熟悉的却又难以捉摸的过去，拍摄了黑白照片，"带着相机徘徊，寻找 20 世纪 20 年代的碎片——风中的锡纸碎片——空地上的阳光"；"我回来捡起阳光和阴影的碎片——风中的

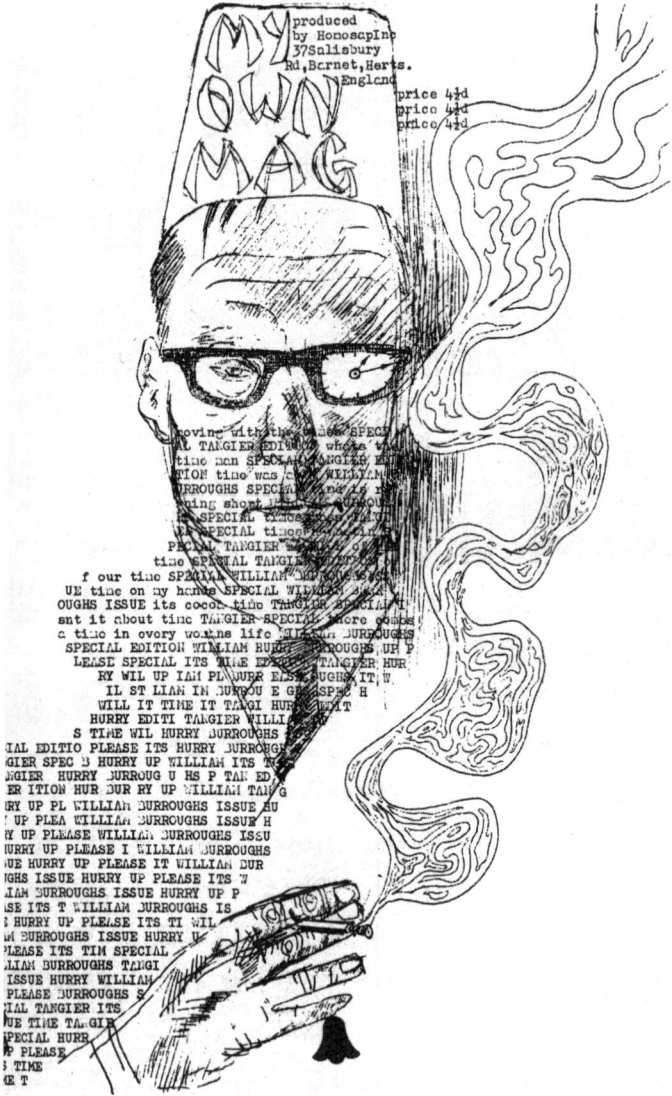

"丹吉尔特辑"，杰夫·纳托尔的《我自己的杂志》，1964 年

锡纸 —— 远方城市传来隐约的声音"。

> 灰坑 —— 小径 —— 阳光下一只老鼠 —— 全在这里,我拍拍相机,所有过去的魔幻时光,就像歌曲里唱的一样……

《回到圣路易斯》被《花花公子》拒稿,后来在《巴黎评论》上发表了。同时,1965 年 2 月,巴勒斯写了一篇相关文章《码头上最后的雨篷》(Last Awning Flaps on the Pier),一篇有关沼泽三角地的美丽而忧郁的幻想曲,用旧照片压成砖块建造房子,屋内和街道上散发出棕黑色的薄雾,居民钓的鱼来自在水面上数英尺高处飞舞的脆弱的气球。他们还乘坐帆船在水面上航行,帆也是用旧照片做的,"这样的画面营造了一种低压区,吸引过去的风"。

巴勒斯读过英国飞行员和通灵师约翰·威廉·邓恩(J. W. Dunne)写的《时间的实验》(An Experiment With Time)。邓恩对预知未来的梦特别感兴趣,巴勒斯发现他的观点与剪裁法异曲同工。他越来越关注时间旅行,几年后他写了自己最古怪的小作品之一,即《圣彼得的建筑》(St Peter's Building)。书中,他称伦敦彼得街24 号苏豪区一个如今已被拆除的建筑是"通往 19 世纪的入口"。为什么这个建筑比同时期的其他建筑都大呢? 有些门是开的,有些门是关的。

巴勒斯先住在纽约市的切尔西酒店,后来搬到了中央大街210 号的阁楼公寓,1965 年是巴勒斯多产的一年。他与基辛合作,搜集了部分剪贴本和数年后出版的其他材料,他们的《第三种思维》则拖了很久才出版,这本书紧密关注剪裁法、巧合和"确切的交点"。

登特医生于 1962 年去世,此时阿扑吗啡疗法还没有被广泛接受,但是巴勒斯继续一个人的战斗,他引用一些模糊的研究说明阿

时间旅行：伦敦苏豪区一幢建筑，巴勒斯认为它是"通往 19 世纪的入口"

扑吗啡有利于一切症状，从焦虑感到胆固醇偏高。阿扑吗啡成了他神话中一个类似于万灵药的成分，一边是控制、病毒、语言和瘾癖；另一边是去除制约、沉默、剪裁法和阿扑吗啡。1965年，巴勒斯贴出了第一份（实际上也没有第二份）论辩公告，临时命名为《阿扑-33公告》。

巴勒斯怀疑时代—生活杂志集团是一个巨大的控制机器，像玛雅日历一样（金斯伯格曾经在他的诗《美国》中不那么严肃地提到这一点 ——"你打算把自己的感情生活交给《时代》杂志控制吗？"）；他对《时代》杂志颇有微词，还有另一个原因，因为他被贴了标签。在1962年的一篇谈论"垮掉派"和《裸体午餐》的文章中称他是一名罪犯，因为谋杀妻子而坐过牢；他起诉了，并赢了官司，但是得到的赔偿微不足道。1965年，巴勒斯将1962年11月30日的《时代》版面加以拼贴，做成了自己版本的《时代》。

由于境遇主义者的出现，这种有创意的损毁显得非常流行，境遇主义者称之为"改道"（détournement）。巴勒斯的作品与情境主义者有许多交叉，特别是在他看来，现实的构建如同电影，我们得"让电影制片厂好好构思"；这可以联想到德波（Debord）"景观社会"的观点［还能想起鲍德里亚（Baudrillard）"海湾战争其实是一场电影"的说法］。这些观点当时"还未成形"，以著作发表的形式来看，巴勒斯的观点比德波早；但是他们两人其实早就通过苏格兰作家、瘾君子及叛乱空谈家亚历山大·托鲁奇（Alexander Trocchi）和英国情境主义者拉尔夫·鲁姆尼（Ralph Rumney）有过联系，亚历山大·托鲁奇认识巴勒斯和德波，拉尔夫·鲁姆尼则认识基辛。基辛称他那本遗失的书《谎言癖的回忆录》（*Memoirs of a Mythomaniac*）是"迂回的自传"，巴勒斯的《时代》可算是《时代》杂志的迂回版；同样，剪裁法的野蛮使用也是一种"改道"，只

WILLIAM S. BURROUGHS

APO-33

BULLETIN

A METABOLIC REGULATOR

A REPORT ON THE SYNTHESIS OF THE APOMORPHINE FORMULA.

Number One $ 1. 50

登特医生已经去世，但是阿扑吗啡的使命还在继续：《阿扑-33 公告》，1965 年

不过其创意更加超现实。

1965 年,巴勒斯的超现实主义散文意识得到进一步刺激,当时一个名叫戴维·巴德(David Budd)的画家给了他一份 20 世纪 30 年代的插图史《绝望的年代》(*The Desperate Years*),其中包括了速记员记下的"达基·舒尔茨"阿瑟·弗莱根海默(Arthur Flegenheimer)垂死前最后的癫狂,他于 1935 年 10 月 23 日被处决。"警察妈妈海伦母亲请带我出去。"他絮絮叨叨,被射穿了肝脏,体温达到 103 华氏度。

这与剪裁法离奇的相似,《纽约客》杂志作家德怀特·麦克唐纳(Dwight Macdonald)在他编辑的一本有关戏仿的书里曾经用过剪裁法,他还戏谑地加入了格特鲁德·斯泰因的戏仿。巴勒斯迷上了舒尔茨奇怪的诗意的意识流,他还为此创作了一个电影剧本,即 5 年后出版的《达基·舒尔茨的遗言》(*The Last Words of Dutch Schultz*)。听说舒尔茨最神秘,也最阴魂不散的呓语"男孩决不哭,也不会冲撞一千个金姆"①之后,他一度想把标题改成《一千个金姆》。

1965 年,随着一张长时唱片的发布,巴勒斯又一次启程,那就是《叫我巴勒斯》(*Call Me Burroughs*),由巴黎的一家英文书店老板盖特·弗罗日(Gait Froge)发布,其主要特色是巴勒斯在《倒爷布拉德利》《乌拉圭人威利》和《技术精神病治疗国际研讨会》等篇章中拖长尾声说话。人们第一次从巴勒斯异常平坦、令人焦躁的中西部声音中听出了嘹亮的严肃,"又黑又硬,像烟熏的金属,非常老式"。埃米特·威廉斯(Emmett Williams)在唱片封套上介绍说:"就像一辆缓慢但却可靠的老式福特车,挂着过时的圣路易斯车牌……但却开足马力冲进星际间旅行。"

---

① 巴勒斯写给彼得·马特森(Peter Matson)的信件,1973 年 3 月 8 日,为本书作者所有。

这也是大多数人第一次真正知道巴勒斯的长相。封面上的他透过厚重的黑色眼镜面无表情地瞪视镜头，让安东尼·伯吉斯想起了过去讣告的边框。唱片封套是单色画面，上面的介绍有一半是法语，《叫我巴勒斯》是真正时尚的艺术品，在活跃的伦敦，"披头士"乐队独树一帜，"但是在行家看来，他的声音里有更酷的元素"。

在纽约，巴勒斯突然也成了很酷的一个现象。1965 年 4 月，他在一个名叫温·张伯伦（Wyn Chamberlain）的艺术家的楼顶举办读书会，也就是鲍厄里街 222 号的前基督教青年会。前来参加的人包括弗兰克·奥哈拉（Frank O'Hara）、黛安·阿勃丝（Diane Arbus）、拉里·里弗斯（Larry Rivers）、巴内特·纽曼（Barnett Newman）和安迪·沃霍尔（Andy Warhol）等人，巴勒斯成了一个明星。这个奇怪而又真挚的、穿着保守的离经叛道之人有着绅士的风度，他可以凭借个人的独特魅力令读书会和聚会充满魔力。潘纳·奥格雷迪（Panna O'Grady），一位富有的贵夫人，一直梦想着嫁给他。

在此期间，伊恩·萨默维尔一直在伦敦。巴勒斯邀请他到纽约去，但他似乎不太感兴趣。尽管巴勒斯取得了新的成功，但是 1965 年 7 月，他写信说："我非常想你。美国生活实在无趣。这儿实际上没什么事，我只是待在公寓里工作。" 9 月份，他回到了伦敦。

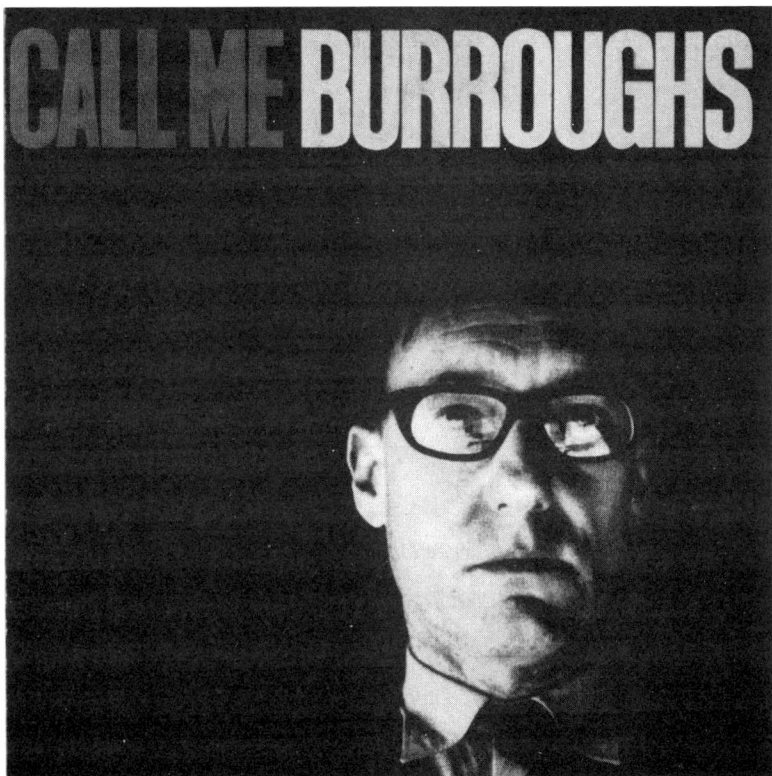

面容和声音:《叫我巴勒斯》，长时唱片，1965 年

第九章
1966—1973年，摇曳多姿的伦敦

1966年1月，巴勒斯回到了伦敦，住在伯爵宫区特雷波维尔路的拉什莫尔酒店。由于一直待在美国，他与伊恩·萨默维尔的关系渐渐疏远，萨默维尔开始与一位年轻人阿伦·沃森（Alan Watson）交往。巴勒斯很伤心，他全心投入工作，搜集具有联系和交集的新故事和照片，制作了几个剪贴本。

巴勒斯有个朋友名叫安东尼·鲍尔奇（Antony Balch），是在巴黎通过基辛认识的。鲍尔奇在苏豪区的办公室经销隐晦的色情电影，但是他对先锋派电影有严肃的兴趣，并且与巴勒斯合作过几个项目，著名的有《塔楼开火》(Towers Open Fire)、《剪裁》(The Cut-Ups)、《比尔和托尼等人》(Bill and Tony and Others)，还有一些超短片，如《威廉买只鹦鹉》(William Buys A Parrot)。在鲍尔奇为1921年默片《女巫们：历代的巫术》(Haxan: Witchcraft Through the Ages)重新制作时，巴勒斯还配上了颇有纪念价值的旁白。

鲍尔奇较为商业化的电影有《性的秘密》(Secrets of Sex)和《恐怖医院》(Horror Hospital)。他骑墙于商业和淫秽之间（事后证明这很可怕），还曾经短暂地把《剪裁》安排在牛津街上的主流影院上映。观众们成群地逃离，不是因为无趣，而是因为排斥和迷失，值得一提的是，影院里通常会留下相当多的私人物品——外套、帽子、手袋、雨伞。

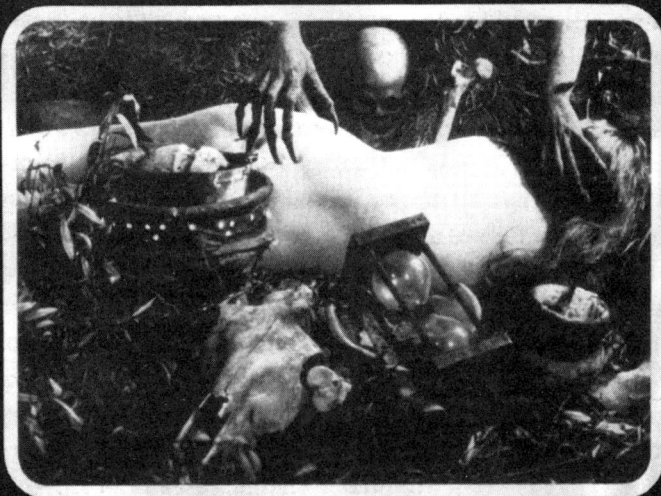

安东尼·鲍尔奇版《女巫们：历代的巫术》的宣传册，1968 年

　　鲍尔奇住在公爵街 8 号昂贵的达尔蒙尼街区的圣詹姆斯大厦，斜向往南即到杰明街，通向佳士得拍卖行，摇滚歌星埃里克·伯登（Eric Burdon）也住在这幢楼里。1966 年 7 月，巴勒斯也搬到这里，随后基辛也搬过来了。住在这里有点不方便，购物要到福特南-梅森百货公司，吃饭要在晚上去干草市场的安格斯牛排屋，这要穿过圣詹姆斯广场走一段路，而他一般都是一个人。英国音乐家和反传统文化人物吉内西斯·P. 欧律治（Genesis P. Orridge）曾经与巴勒斯一起去吃饭，发现服务生跟他很熟："所有的服务生都是外国人，说着有点洋泾浜的'晚上好，威廉先生'，好像在喊布拉德利先生、马丁先生一样。"

　　巴勒斯在达尔蒙尼街区没有住多久，萨默维尔和阿伦·沃森就提出也想搬过去一起住，当时萨默维尔在保罗·麦卡特尼提供的录音棚工作，工作不是太忙。尽管巴勒斯觉得这个主意不太好，但他还是同意了，很快他再一次发现自己成了一段三角关系中被排斥的那个。

　　巴勒斯讨厌沃森，后者在附近的苏格兰场[①]当厨师，最主要是因为他太娘娘腔。在街上散步时，如果遇到建筑工人在踢足球，他就会说："孩子们，为我进个球！"接着就飞吻；他还会在苏格兰场的餐厅桌上跳舞。回到家，在巴勒斯突显逼仄的公寓里，他会听女高音歌唱家玛丽亚·卡拉斯（Maria Callas）的唱片，令巴勒斯感到恼怒。有一天，他正沿着汉普顿街散步，欣赏着秋日夕阳的余晖，听着一位歌手的演唱，突然间他听到录音带上出现了他自己的声音，说着他平常说的话，那是一种可怕的戏仿。

　　那是巴勒斯干的，他模仿沃森，是为了约束他，想用录音的办法教训他，让他搬出公寓。

　　这仅仅是后来发生的磁带诅咒的预演，巴勒斯之后专门录音咒

---

① 苏格兰场（Scotland Yard），是英国首都伦敦警察厅的代称。

WILLIAM SEWARD BURROUGHS

8 Duke Street, St. James's,
London S.W.1.   Telephone: 01-839 5259

巴勒斯在伦敦期间使用的名片。

骂摩卡咖啡店和山达基教总部。随着 20 世纪 60 年代的推进，巴勒斯变得越来越陌生，越来越偏执。他的一个年轻的跟班米奇·波特曼（Mikey Portman）感染了唇疱疹，这令他感到心烦意乱，觉得可能是具有某种力量的邪恶的东西入侵了。还有一次，他看到一束银光从波特曼身上滑落，然后打在他的胸口，接着他就晕过去了：他觉得这是帕梅拉·弗朗科（Pamela Frankau）夫人（一位具有争议的、反对阿扑吗啡、会开出海洛因处方的全科医生）通过波特曼向他发出的诅咒。

他还越来越痴迷于与数字 23 有关的巧合。1966 年前后，他曾向作家罗伯特·安东·威尔逊（Robert Anton Wilson）解释说：20 世纪 60 年代初，他认识一个克拉克船长，在丹吉尔和西班牙之间经营一个渡口，一天，克拉克跟他说自己经营这个渡口已经 23 年了，从未发生一起事故。当天，他的渡船沉了，克拉克和船上的人无一幸免。那天晚上，巴勒斯一边想着这件事，一边打开收音机，第一条新闻就是美国国内发生坠机事故：是一架 23 号航班，飞行员又是一位克拉克机长（因此巴勒斯记下了这样的短语："克拉克机长欢迎您登机"）。

巴勒斯开始记录这些巧合，发现数字 23 不断地出现：例如，达基·舒尔茨于 10 月 23 日被枪杀。舒尔茨早年谋杀过一个名叫"疯狗"科尔的人，事发地点在第 23 街，科尔死时 23 岁。杀死舒尔茨的人刚刚获得假释，已经服刑 23 年。积少成多。

随着巴勒斯与基辛越走越近（"跟我的灵媒交谈"），他愈发接受这种思维，他离热情、理智的金斯伯格越来越远。他曾经不断地问金斯伯格："你是谁的间谍？"他心里的答案是金斯伯格的昔日教授、古板的自由人文主义者莱昂内尔·特里林（Lionel Trilling），他一直认为金斯伯格追随特里林的价值观；巴勒斯声称他甚至能从金斯伯格的脸上看到特里林。

巴勒斯还能从金斯伯格的脸上看到对方父亲的影子和遗传的犹太特质。"关于间谍，比尔想得太多了，"金斯伯格回忆，"他看着我，好像我是个被派来考核他的机器人……那个时候，他设想人人都是间谍。不一定非得为政府工作；其实也可能是一位另一个银河系巨型昆虫特拉斯①的间谍。女人都有做间谍的嫌疑，巴勒斯认为也许得消灭所有的女人。"巴里·迈尔斯记得："比尔在伦敦的时候要极端得多。例如，他可能严肃地争辩，女人都来自外太空……那可不是暗喻。"

1965 年前后，基辛、巴勒斯和鲍尔奇组成的"疯狂三人组"开始了另一种星际间的探险，当时他们遇到了威利·戴奇（Willy Deiches）和布伦达·邓克斯（Brenda Dunks）。这两个人声称他们与金星上的一台名叫"控制"的计算机有联络，联络点在伦敦富勒姆路（Fulham Road）282 号，这在当时是个很破旧的地方。机器能回答问题，每次 12 先令。在这个案例中，鲍尔奇是主要的发起者，问答主要有：

> 问：言语是什么？
> 答：言语是 ETC。
> 问：ETC 指什么？
> 答：电气时间控制。
> 问：病毒是什么？
> 答：病毒是 B。
> 问：罂粟是这个星球上原产的吗？

---

① 巴勒斯有关昆虫特拉斯的观点［见《裸体午餐：修复文本》（*Naked Lunch: The Restored Text*），第 123 页］提出了小小型诗歌杂志《昆虫特拉斯报纸》（*The Insect Trust Gazette*）的名字，首次出现在 1964 年夏天，作者主要有巴勒斯、基辛等人。

答：是的。

问：犹太人是什么时候来到这个星球的？

答：几十年前。

问：你说病毒是 B，是不是指我的病毒？B-23？

答：是的。

还会出来一些看似专业的发票，总金额通常会达到 15 镑左右。"古怪的是，很多答案都很恰当"，若干年后，基辛这样评价道："很多是实情……有些答案则十分尖锐。"

同一时间，巴勒斯专注于基辛在巴黎介绍给他的山达基教。科幻作家 L. 罗恩·哈伯德（L. Ron Hubbard）是山达基教的创始人，山达基教是一种精神疗法，具有宗教运动的欺骗性和组织结构。哈伯德首次提出"戴尼提"（Dianetics）是在 1950 年 5 月刊的《新奇科幻》（*Astounding Science Fiction*）杂志，编辑是小约翰·W. 坎贝尔（John W. Campbell），其社论称"戴尼提"是"一种精神疗法，其效果据我了解，非常奇妙"。

"戴尼提"不谈意识和无意识心理，而谈分析和反应心理。不同于神经衰弱症，反应心理保存的是严重的不愉快的记忆 —— 很多来自前世 —— 记忆的痕迹，戴尼提的核心技术是"听析"。它不涉及心理分析的自由联想，它只需要一个类似测谎仪的电子设备，即 E 表。当提问内容令被听析者紧张时，指针就会跳动，但是也有可能在指针读数变化之前问完所有的内容：充分完成这一步之后，被听析者就被"治好"了。

与精神分析的漫长过程相比，粗糙的听析法似乎更能说明问题，巴勒斯觉得它 10 个小时取得的效果可能胜过精神分析 10 年的效果。当巴勒斯谈到被谋杀的男孩奇奇时，他觉得自己激动得头发都竖起来

"戴尼提"首次出现在《新奇科幻》杂志上

了，然后就昏过去了。等他醒来之后，听析员说 E 表指针有"明显的震动"——非常强烈的反应。

1967 年，巴勒斯去菲茨罗伊街 37 号听初级课程；1968 年初，他又到位于东格林斯特德的总部，即看起来像座城堡的圣山庄园，接受了两个月的集中授课。他对听析过程非常着迷，还到巴里·迈尔斯经营的时尚书店"印迪卡书店"写了一则通知，免费提供听析。他认真学习了《介绍 E 表》（*Introducing the E-Meter*）和《E 表培训手册》（*The Book of E-Meter Drills*），填写了培训手册后面的问卷调查，"你喜欢种什么花？"他回答："捕蝇草。"

同时，他感觉山达基教有点不对劲（例如，对于非组织成员的人，山达基派称他们为"蛮子"），在其伪宗教的外表下，它"只是又一种控制上瘾的问题"。他对 L. 罗恩·哈伯德本人心存疑虑，当被问到标准问题："你对 L. 罗恩·哈伯德有不妥的想法吗？"E 表跳了。"是的，"巴勒斯脑筋转得很快，他说，"我忍不住讨厌他的完美。"

在公爵街的家里，巴勒斯有一把韦伯利气手枪，他用哈伯德的照片做靶子练习射击。枪管在枪体的顶部，当控制杆压紧弹簧时，枪管就会弹出。巴勒斯把枪管向上推至铰链，扣动扳机，突然不知道什么东西滑动，往下推，差点折断他的拇指：仿佛一个咒语又回来了。

萨默维尔没有时间研究山达基教，他讨厌巴勒斯用所谓的"发功的神性的瞪视"（发功的神性是山达基信徒眼中的一种精神状态，比"治好"更佳）。巴勒斯学完课程之后，他又一个人住在公爵街；萨默维尔已经搬到了霍尔本红狮街 55 号楼上自己的公寓。

1968 年 8 月，巴勒斯开始不太关注山达基教了，当时《时尚先生》（*Esquire*）杂志邀请他与特里·萨瑟恩（Terry Southern）和让·热内（Jean Genet）一起谈谈芝加哥的民主传统。林肯公园里的反越战游行演变成了一场暴动，随后的警方暴行颠覆了巴勒斯对警察的最糟想象。当时金斯伯格也在那儿呼吁和平，似乎美国已经到了革命的边缘。

当时还有一个巧合，至少巴勒斯这么认为。为了躲避催泪瓦斯和警棍，让·热内跑进了一幢公寓，随便敲了门，结果开门的是位正在写论文的年轻人，论文内容刚好与热内有关（这是巴勒斯的版本，可能是从热内那儿听来的；埃德蒙·怀特（Edmund White）写的热内的传记里称开门的是一个黑人女性）。

此前，巴勒斯的角色和项目仅限于"小说家"或作家。如今，他成了一名革命思想家，梦想左派的游击战略能够推翻社会。1968年，他接受地下杂志《鼠》（*Rat*）（"地下新闻"）的采访，谈到希望采取"行动"，为"全体掌权派"找点麻烦。热内告诉他，作家必须支持青年运动，不能仅停留在口头上，巴勒斯回答说，他"百分之百"赞成；事实上，他想消灭"整个愚蠢的中产阶级"（"他们没有活力，他们是行走着的录音机"）。

谈话渐渐发生了明显的转折，巴勒斯说电子学和心理学的所有重大发现都处于被保密状态。他接着谈到七赫兹的次声波和振动。他用了一两页的篇幅详细介绍威廉·赖希和 L. 罗恩·哈伯德以及中央情报局用激光将人推到卡车下的可能性。其他采访中，他还提到杀手哨音、提到骆驼安多酚可用作止痛药以及大剂量地服用维生素 A（通常认为是无效的或有毒的）是普通感冒的抑制疗法。

巴勒斯在很多渠道宣传自己的思想，包括男性杂志《五月花》（*Mayfair*）和地下报纸《国际时代》（*International Times*），他曾经在《国际时代》上发表"电子革命"。这期间的其他作品还有《第23学院：去条件化》（*Academy 23: A Deconditioning*）《从伊甸园到水门事件的回放》（*Playback from Eden to Watergate*）和1970年以录音带的形式发表的《童子军手册修订版》（*Revised Boy Scout Manual*），且涉及不同的主题，如"暗杀名单""随机暗杀""炸弹和爆炸装置""生化武器""生物战争""次声波"和"致命的生命力辐射"。这一时期巴勒斯的思想大多见于《工作》（*The Job*），这本书是丹尼尔·奥迪尔（Daniel Odier）在 1968 至 1970 年进行的采访记录。

长久以来，偏执症一直与巴勒斯如影随形，但如今现实也步巴勒斯后尘了。20 世纪 60 年代成了一个"偏执的年代"（1972 年《滚石》杂志重印了 1968—1972 年的文章，汇编成书，这是其中一篇文章的标题）；《国际时代》推出了一款"偏执症"棋牌游戏。一般认为分水岭是曼森（Manson）谋杀案，巴勒斯对此非常感兴趣，他注意到曼森曾经参加过山达基教。

对游击战乌托邦主义而言，巴勒斯的战斗姿态有其积极的一面。1969 年底，他发明了自己的异见日历——"梦想日历"，月份被称为泰瑞·豪特（Terre Haute）、玛丽·塞莱斯特（Marie Celeste）、贝尔维尤（Bellevue）、甜美草地（Sweet Meadows）、港湾海滩（Harbor Beach）（"不同的月份有不同的名字，就像普尔曼汽车一样"）。该日历始于 12 月 23 日（或泰瑞·豪特 23 日），每个月 23 天，有点像玛雅历。看起来很奇特、很漂亮，但简直没有实用性，所以一年后巴勒斯弃之不用了。

巴勒斯还赞成将空间探索作为最后阵地的观点，这与一定数量的曲柄理论和厌女症一起构成了《工作》一书的主要基调。空间是时代精神的一部分，但是这个空间不同于美国宇航局计划依靠地球"水肺"探索的空间，相反，它是指摆脱了过去的限制、言语、时间和身体的空间。这种跳脱身体体验的观点变得越来越重要，打个比方，我们得丢弃生物的大脑，不然就无法理解巴勒斯的一些其他说法了。

巴勒斯越来越深入地考虑建立革命院校，让年轻人接受武术、游击战略、自我解放的技能等，这在他的虚构作品中可见一斑。他不再

微笑的比尔：巴勒斯，公爵街，巴里·迈尔斯拍摄于 1972 年

做剪裁小说了，转而回到了叙事，如《野孩子》(*The Wild Boys*)（巴勒斯讲了一个酷儿彼得·潘的故事，于 1971 年发表）和相关的作品《圣人港》(*Port of Saints*)、《根除者！》和《阿普克在这儿》(*Ah Pook is Here*)；《阿普克在这儿》主要讲了一个玛雅死神和一个邪恶的美国百万富翁哈特先生的故事，后者痴迷于长生不死的秘密。

在《野孩子》里，一场部落式的男同性恋青年运动以革命战争的形式席卷了世界，屠杀美国士兵和女同性恋突击队，为巴勒斯向异性恋的世界报仇。这本书暴力，甚至有点残忍，但意欲建立一个乌托邦；由于其好战的酷儿性（巴勒斯 1969 年完成此书，不久之后爆发了石墙之乱）以及 20 世纪 60 年代"青少年"是新生力量的观点，此书有其时代价值。这一新焦点使巴勒斯开始透过自传性人物奥德里·卡森审视自己的青少年时期，奥德里·卡森是巴勒斯与登顿·韦尔奇的杂交体。

《圣人港》将野孩子们所处的时间往前推了一些，背景是 19 世纪的西印度群岛，他们在那里担任反殖民主义的黑人叛乱者的军事顾问。这种复古未来主义是巴勒斯后期作品的一个特点，在"第 23 学院"中，他已经于 1899 年设立了第一家学院，在 20 世纪 30 年代用阿扑吗啡疗法治愈世界。巴勒斯将这些年代误植的策略形容为及时将人物空降到敌后。尽管在有些批评家看来是自我放纵，但是《野孩子》及其后的一些材料都反映了巴勒斯真诚地尝试探索、物化和公开自己的军事幻想和性幻想。

在此期间，巴勒斯为了性和伴侣结交了皮卡迪利广场附近的男妓。1972 年，其中一位搬去与他同居，他就是约翰·布雷迪（John Brady），他是个爱尔兰人，身材矮胖，可能有点暴力，饮酒过度。有一次，布雷迪把灰弄在地板上，巴勒斯让他清理，他径直走到厨房里，巴勒斯以为他去拿毛刷，结果他把一个切肉机扔在巴勒斯面前的书桌上。"帮我点烟。"他说,看起来像是疯了。愉快的时候,布雷迪会给巴勒斯讲爱尔兰的"小精灵"的故事、他见过的在篱笆上晒太阳的小矮妖,他还会在睡梦中讲话——剪裁大师相当喜欢。巴勒斯记下了他那些达基·舒尔茨风格的梦话:"公主黄金只是老朋友……许多猴子。"

在伦敦那几年,巴勒斯手头很不宽裕。他的书卖不动,他在欧洲短暂的教学工作也没有结果,1971 年,一个电影提议点燃了希望,但是这希望转瞬即逝。一位号称"比赛节目之王"的名叫查克·巴里斯(Chuck Barris)的制片人,刚刚从一个"约会游戏"节目中挣了一笔钱,想把《裸体午餐》拍成电影。巴勒斯和特里·萨瑟恩收到了去洛杉矶的头等舱飞机票,刚到机场,就有一辆戴姆勒汽车接他们去日落大道的酒店。第二天,来接他们赴宴的汽车变成了一辆小型双座的丰田汽车,巴勒斯只好坐在萨瑟恩的腿上,结果巴里斯放了他们鸽子;他趁机看了电影剧本。

1973 年 1 月,《是的》(Oui)杂志派巴勒斯去摩洛哥采访布·杰罗德节(Bou Jeloud)上的酉酉卡(Joujouka)音乐人。滚石乐队的布莱恩·琼斯(Brian Jones)已经为酉酉卡音乐人录过音(《布莱恩·琼斯推介酉酉卡的排箫》)。巴勒斯去的那年,他听说奥奈特·科尔曼(Ornette Coleman)与酉酉卡人混在一起。基辛对酉酉卡音乐特别感兴趣,他曾经在 1964 年的一篇文章中解释说,那些仪式其实是潘神的仪式,源于古罗马的牧羊神节,最后在北非保留下来。

巴勒斯带着他的"精神助手"约翰·布雷迪一起去了摩洛哥。1973 年 8 月,《是的》杂志报道了他的文章,对稿件做了大量文字加工。他悄悄实验了剪裁法,其结果立刻具有明显的巴勒斯风格:"接着我找到了这种音乐的味道,一种臭氧的陈腐味,生羊皮熏出和隔出一种你能听到、能闻到的香水味。"阿什(Ashe)对保罗·鲍尔斯谈起剪裁法："在大师的手里，它进退自如。"

巴勒斯还是缺现钱，基辛提议卖掉他的文档；基辛本人收集巴勒斯的素材好些年了，放在一个箱子里。印迪卡书店的巴里·迈尔斯，如今是他的朋友，帮他们把这些材料归了类，1973 年 8 月，他们将其卖给了列支敦士登的金融家罗伯特·奥特曼（Roberto Altman）。他们亲自把东西送过去，并在那儿过宿，他们注意到了墙上伦勃朗的画，感受到了谨慎的欧洲人所拥有的神秘财富。他们拿的现金，巴勒斯装到一只公文包里带走，然后他们再分钱。

巴勒斯在伦敦的这几年多灾多难。几个老朋友去世了，他还遭遇了家庭变故。他的父亲于 1965 年去世，儿子和母亲都以不同的方式颓废：可怜的比利婚姻失败，还染上了酗酒和吸毒的毛病；巴勒斯夫人已经老了，最后住进了养老院。比利去看她，她不认识比利了，以为他是来偷她钱包的。比利为他们凄凉的现状感到难过，突然哭了出来，她好像记起了点什么，"比利，"她说，"怎么了，小羊羔？"1970 年 10 月，公爵街接到一封电报，告诉巴勒斯她去世了。在她晚年的时候，巴勒斯从来没有去看过他妈妈，他突然后悔自己没有努力尝试过。

凯尔斯·埃尔文斯也去世了，大部分死因是酗酒，终年 47 岁。1968 年，尼尔·卡萨迪去世，终年 41 岁，酗酒和安非他命毁了他的健康。巴勒斯和凯鲁亚克已经渐行渐远，凯鲁亚克成了一个保守的天主教徒；巴勒斯上一次见他还是 1968 年去芝加哥的时候。他后来这样描述凯鲁亚克的人生："起初是一个穿着圆领短袖汗衫的小伙子坐在电视机前面与母亲喝啤酒，接着是一个穿着圆领短袖汗衫的已经发福的家伙坐在电视机前和母亲喝啤酒。"1969 年 10 月，凯鲁亚克正坐在电视机前看格雷厄姆·克尔（Graham Kerr）的《飞驰的美食》（*The Galloping Gourmet*）节目，突然开始呕吐，吐出了大量鲜血；数小时以后，他在医院去世，典型的酒精致死。这个消息带给巴勒斯的打击远远超出他的想象，他感到极度悲伤和沮丧。

伦敦本身让他感到沮丧已经有一段时间了。伦敦摇曳多姿，但不是为他。1967 年，披头士乐队发布了黑胶唱片《佩伯军士》（*Sergeant Pepper*），彼得·布莱克（Peter Blake）制作的封套上拼贴了我们喜欢的人物，包括玛丽莲·梦露、奥斯卡·王尔德和斯坦·劳莱等人以及巴勒斯。1971 年，尼古拉斯·罗伊格（Nicolas Roeg）在他执导的电影《表演》（*Performance*）中悄悄向他致敬，片中福尔珀（Pherber）［安妮塔·帕伦伯格（Anita Pallenberg）饰］在为流氓查斯（Chas）冲洗伤痕累累的背部时，对特纳［米克·贾格尔（Mick Jagger）饰］说："也许我们应该打电话请巴勒斯医生来给他打一针……"如果时尚界如此崇拜巴勒斯，那么他毫不知情；他的着装严肃、正式，偶尔不打领带，换件高领衫（不过如果他们要去见摇滚明星，布里昂·基辛会坚持让他穿喇叭裤，他还尝试穿过厚底鞋）。

巴勒斯痛恨特许经营法和英国的等级制度。在他看来，伦敦是个灰色的城市，服务糟糕，与美国流行的"祝你今天愉快"的风格大不相同。他悄悄地忍受着，觉得自己不断地受到店员的无视和冷落，就像他自传性的第二自我，《死路之处》中的金姆·卡森：

> 不，药剂师没有剃须工具包，但是他不情愿地把剃刀、剃须皂、牙刷和牙膏卖给了金姆。
>
> "就这么多吗，先生？"
>
> （绅士不会打听剃须工具包的。）
>
> 金姆在伯爵区坚持了 3 个月……3 个月的折磨、担心、失败以及像迷药一样燃烧的羞辱……缺乏实质的武器，他转而寻求魔法武器，在这里他取得了满意的成果。
>
> 他用磁带录音机造成通信中断，使整个伯爵区陷入黑

暗……噗。

他用魔法召来一阵风，撕开世界尽头沿线市场摊位的百叶窗，进而杀了不来梅港或某个地方的 300 多人。

好像重温真实事件一样，他在《西部土地》中再次提到了伯爵区：

只要我甩出一股能量，伯爵区一直到北角路上所有的灯都会灭掉，你还记得吗？就在那儿，在被拆除已久的皇后饭店我那个每周 5 英镑的房间里。康拉德·维德特（Conrad Veidt）在某部《剑与魔法》的电影里跑到塔楼楼顶张开双臂，大喊："风！风！风！"我召来的风撕裂了世界尽头沿线市场摊位的百叶窗，引来的浪潮杀死了荷兰、瑞典或某个地方的数百人。

他对这些恶劣的服务心存怨恨，于是把对巴黎报亭的诅咒安到伦敦头上："（皇后）酒店对面香烟摊上那个可怕的老太婆会把零钱塞给他……那个发黑的破破烂烂的摊子前有几个唠叨的中年妇人……老天爷！又是一次闪电战……"

与山达基教分道扬镳后，1972 年，巴勒斯对他们的总部菲茨罗伊街 37 号实施了类似巫术的磁带和照片攻击，后来山达基教关闭了这家总部，并搬到了别的地方（不过是搬到附近一个更好的地点托特纳姆广场路），他觉得是自己胜利了。在"从伊甸园到水门事件的回放"中，巴勒斯记录了另一件真实的攻击，对象是苏豪区一度著名的摩卡咖啡馆，因为巴勒斯觉得自己在那儿受到了怠慢；摩卡咖啡馆是吉娜·劳洛勃丽吉达（Gina Lollobrigida）于 1953 年开的，也是伦敦最早拥有加吉亚（Gaggia）浓缩咖啡机的咖啡馆。

我观察过多次，发现这种简单的做法 —— 在你想要为难或捣乱的某个地方录音和拍照片，然后不断地回放录音和继续拍照片 —— 最后会使这个地方陷入事故、火灾或搬迁……

对于伦敦西区弗里斯街 29 号摩卡咖啡馆的折腾始于 1972 年 8 月 3 日……起因是店员无缘无故粗暴无礼，还有奶酪蛋糕超级难吃，简直能毒死人。现在接近摩卡咖啡馆，录音，拍照。

巴勒斯想象自己站在咖啡馆外面，咖啡馆里有人走出来。如果他们来找他，他就打算报警；他有权拍照，他会说自己是在拍一个有关伦敦第一家浓缩咖啡馆的纪录片。

我们都知道如果他们那么说，就太可笑了。

"他根本不是在拍纪录片。他只是想引爆咖啡机，在厨房里放火，把这里弄得一团糟，让卫生局给我们发传票。"

是的，我拿住他们了，而他们也不笨……

那年 10 月份，摩卡咖啡馆关门了。巴勒斯知道那是自己的杰作。

1973 年，金斯伯格访问伦敦，发现巴勒斯无论是在物质上还是心理上都处于一个很糟糕的状态。他与纽约城市大学联系，为巴勒斯安排了一个教职，从 1974 年 2 月开始工作。大约圣诞节前后，巴勒斯离开了伦敦。

第十章
坚守地堡

继伦敦之后,纽约发生了可喜的变化。别的城市似乎都越来越糟,纽约似乎越来越好,巴勒斯觉得纽约是"我所居住过的最有礼貌的城市之一"。他搬到了百老汇街452号的一处阁楼公寓,还完成了1964年以来的一部神秘的剪裁作品——《这里有台可怕的空调》。由于空调坏了,必须更换,结果他只好把这台300磅重的机器放在地板上,"这是一个糟糕的废物处理问题,又重又结实,出自10年前的裁剪作品"。

经金斯伯格介绍,他认识了一个来自堪萨斯州的年轻人,名叫詹姆斯·格劳尔霍尔茨(James Grauerholz),这是巴勒斯人生的转折点。

他们是短暂而尴尬的恋人,但是这段关系不久就结束了(格劳尔霍尔茨找到了新的伴侣,成了一段巴勒斯太过熟悉的三角恋,从前他与金斯伯格之间有个彼得·奥洛夫斯基,与萨默维尔之间有个阿伦·沃森)。相反,格劳尔霍尔茨成了他的朋友、管理人和各方面的经理人,在写作上为他提供帮助,利用自己组织摇滚音乐会的经验为他的职业生涯提供经济保障。

巴勒斯回到美国的时候已经60岁了,但是离开伦敦之后,纽约让他重新焕发活力。成功组织读书会的经验给了他信心和地位,不过他还是不喜欢在城市大学教书。他认真备课,但他发现有的学生只是想看到一个极其邪恶的形象，有的学生对他一无所知或者对自己一无所知，有的学生在上课时看漫画书；有一两个跟他成了朋友，不过在他看来，大多数都有眼无珠。自 1975 年开始，他断断续续地在科罗拉多州博尔德的纳洛帕学院教学，这段经历更有收获，纳洛帕学院是一个佛教基金会，金斯伯格与之有接触。

巴勒斯后来又搬到了富兰克林街 77 号，并在纽约开始了新的生活。但是就在他 62 岁生日那天，生活又给了他一击。伊恩·萨默维尔已经搬到了巴斯，在那儿当一名计算机程序员，但他与荷兰的一位反主流文化的美国人比尔·利维（Bill Levy）起了冲突，后者是地下成人杂志《吮吸》（Suck）的编辑。名义上，利维支持自由性爱，但是萨默维尔把他惹恼了，他与利维的伴侣苏珊·詹森（Susan Janssen）一起，貌似其作为异性恋角色首次亮相。

利维为地下杂志《狂热者》（The Fanatic）的第二期担任客座编辑，他刊发了萨默维尔的专栏，标题为《电气伊恩：类人动物的画像》。其中有他写给詹森的情书、他阴茎畸形的传闻（"出生时就畸形"，像"立体画"）以及"朋友或熟人对他的各种说三道四，说他花钱无度、口臭，还断章取义地引用一些善良人士的言论，比如约翰·米歇尔（John Michell）[《亚特兰蒂斯上的风景》（The View Over Atlantis）的作者，萨默维尔在巴斯期间曾经在他家寄住过]、希斯科特·威廉斯（Heathcote Williams），甚至巴勒斯本人（"他曾经想独立，如今他独立了"）。

布里昂·基辛买了这本杂志给萨默维尔看（从前在丹吉尔的时候，简·鲍尔斯曾经觉得基辛有虐待倾向，危言耸听，喜欢传坏消息）。萨默维尔十分痛苦、失魂落魄，他开车去巴斯邮局给巴勒斯发生日电报，回去的路上他撞上了另一辆车，发生了车祸。在巴勒斯 62 岁生日那天，他收到了伊恩发来的电报，上面写着"生日快乐。爱你。很多承诺没有兑现"。几个小时后，他收到了安东尼·鲍尔奇发来的另一封电报，说伊恩死了。

巴勒斯心烦意乱，此后开始酗酒。萨默维尔的驾驶经验不丰富，他的死也许是个巧合，但是巴勒斯（和基辛）认为是利维的文章害死了他。他后来参加降神会，试图与伊恩联络，没有什么结果。

1976 年 6 月，巴勒斯搬到了著名的"地堡"，原先是百老汇街 222 号基督教青年会建筑的衣帽间。这个地址曾经有过艺术用途：罗思科曾经在这里有个工作室。地堡里面没有自然光，没有窗户，墙有 3 英尺厚，距离街道有四道门，但是在这里巴勒斯比较有安全感。"这里固若金汤，"他告诉维克托·博克里斯（Victor Bockris），他很喜欢这个堡垒，"我们一定要不惜一切代价守住地堡。"

巴勒斯晚年时有一个私人军械库，包括舶来的原始武器，如吹箭筒。在地堡期间，他上街时要带一根手杖、一管催泪瓦斯和一个金属警棍（"如果不带上这些，我会觉得自己没穿好衣服"）。他还有一条钢制"眼镜蛇"，像鞭子一样的棒，有点重量，使劲一甩就能伸至最长。巴勒斯说，这让他觉得有必要拿枪指着抢劫犯，尽管他身材清瘦，但是他对直接对抗很有信心："我不喜欢你，我不认识你。"他想象自己在说："现在，我的神啊，我要让你看看！"［引自 20 世纪 20 年代的诗《狂野派对》（*The Wild Party*）］

在巴勒斯构思《灰色绅士的规则》时，有一点激进的反动色彩，一群"年轻人"外出寻找抢劫犯："比尔这时候很激动。他绞着餐巾纸，'如果你再次见到同一个抢劫犯，这很正常……灰色的绅士们总是留下自己的卡片'。"

1977 年前后，还有一些电影制作的事情没有确定，主要是关于《达基·舒尔茨的遗言》和《瘾君子》。洽谈《瘾君子》的不是别人，正是雅克·斯特恩——巴勒斯在巴黎时结识的一个古

致命的《狂热者》（1977），巴勒斯将萨默维尔的死归咎于这本地下杂志

怪的朋友。斯特恩想让丹尼斯·霍珀(Dennis Hopper)担任主演——或杰克·尼克尔逊(Jack Nicholson)或戴维·鲍伊(David Bowie)——让塞缪尔·贝克特演一个小配角,如以戴夫·特索雷罗为原型的老艾克〔另一方面,前一年,巴勒斯在德国与贝克特见过面,与艾伦·金斯伯格和苏姗·桑塔格(Susan Sontag)一起,会见气氛冷淡而客气〕。雅克·斯特恩坐在轮椅上调节焦距,就像有人走来走去一样,胳膊上还夹着可卡因的注射器,他打通了贝克特的电话。"什么意思,你不想演?"他说,"嗯,去你的,你这个大骗子!"

电影没有什么进展,不过巴勒斯身上发生了不可思议的事情。他成了世界上最有名的人之一,摇滚歌星将他奉为上宾,安迪·沃霍尔成了他的朋友。跟他对话的各色人等都显得不如他有学识。

1978年12月,纽约举行"新星大会",为巴勒斯开展了4天的庆祝活动。组织者是格劳尔霍尔茨、约翰·吉奥诺和哲学教授西尔维尔·洛特林格,与会的主要人物包括金斯伯格、约翰·凯奇、摩斯·肯宁汉、劳里·安德森、菲利普·格拉斯、弗兰克·扎帕、帕蒂·史密斯和蒂莫西·利里。

巴勒斯人生中这一阶段由维克托·博克里斯记录,在某种程度上,还由他安排。他安排巴勒斯的晚餐,从而写了一本书《与威廉·巴勒斯一起:来自地堡的报告》(*With William Burroughs: A Report from the Bunker*),主要是巴勒斯的席间闲谈,娄·里德、乔·斯特拉默尔和米克·贾格尔等人成了配角。偶尔还能看到巴勒斯扮演他笔下的人物,在与博克里斯和沃霍尔谈及可能的演艺事业时,他说:"我能演医生、中情局间谍、各种人物……我会把纳粹战犯演得很好。"沃霍尔则提议:"我觉得你应该出演时装设计师。"

现在巴勒斯在称别人为"亲爱的"时,比年轻时轻松多了,但他给人的主要印象是他很热心，偶尔还有黑色幽默。博克里斯说，巴勒斯还有一些"流亡的、疯狂的德国语言学者"的味道，这一点凯鲁亚克多年前就看出来了；无论主题是伊朗、共产主义，还是蟑螂，他的谈话紧密基于事实和伪事实，他的谈话主要围绕事情。

还在伦敦的时候，巴勒斯、金斯伯格和索尼亚·奥维尔（Sonia Orwell）曾经有过一次谈话，金斯伯格记得那次谈话气氛很"英国化，你知道——轻松客气"，然后金斯伯格说："我们来谈点事情！"奥维尔夫人知道这样说话是美国风格，但是巴勒斯会把身体往前稍倾，说："我们来谈点严肃的事情。我们来谈谈死亡。"

博克里斯书中最长的一篇谈话占据了 8 页的篇幅，主要是谈论男魔、女妖和访问睡眠者的性别幽灵（"魔鬼情人，我的天！"）。巴勒斯说，我们只能思考，与这些生命的深层关系可能会引向什么方向："你看，男魔和女妖的身体密度都低于人类，这非常有利于太空旅行……现在我们以某种梦境的方式与男魔和女妖打交道。所以我假设梦是空间旅行的一种准备，或者是训练。"

巴勒斯的讨论从梦境幽灵谈到了脱离身体的体验或星体投射，提到了罗伯特·门罗的畅销书《出体旅程》。巴勒斯似乎还参加过门罗的一个周末课程。从 1930 年开始，他还专心阅读一些有关神秘学的主流书籍，包括迪翁·福钦的《超自然的自卫术》和戴维·康韦的《魔法：神秘入门》，后来他将其收入了他眼中的"罕为人知的伟大著作"。

早在 1980 年，巴勒斯去米兰参加过一个心理分析会议。巴勒斯对弗洛伊德很感兴趣（他告诉博克里斯："我几乎读过弗洛伊德写过的全部作品。"），但是现在他觉得自己已经超越了他，他想跟分析学家们谈谈科日布斯基、邓恩的《时间的实验》以及朱利安·杰恩斯（Julian Jaynes）有关两院制思想的著作。杰恩斯强调要整合大脑的两个半球，尤其是右半球更具创造力，但不占主导地位；他提出"倾听声音"是指倾听自己的另一个半球，早期荷马时代的人称之为倾听"上帝"的声音。结果巴勒斯失望地发现，这次会议非常不严肃，让他想到一个美国会议——"满天飞的殡葬业者秩序"（Order of the Flying Morticians）（确实有这个组织，巴勒斯有个朋友的父亲是该组织的会员）。

巴勒斯的身体很好，每天服用维生素 B，上上下下爬楼梯取邮件，还做霍尼布鲁克腹部练习。有一次沃霍尔对他说："你看起来很棒。"他向沃霍尔提起了霍尼布鲁克腹部练习。他还有一个生命力箱子。他主要的问题是喝酒；白天不喝酒，但是晚餐一般都要喝酒；这个时期的很多照片显示他的眼皮都耷拉着。

在所谓的"朋克期"，即在他跻身名流的 1978—1980 年，身边无数人逢迎他，包括瘾君子，于是巴勒斯又开始复吸海洛因了。有一种说法很可疑，即在此期间，巴勒斯去了纽约的巫术书店——其经营者是已故的"瘟神"赫尔曼·斯莱特（Herman Slater）——赞扬了新近编造的《死灵之书》（*Necronomicon*）[H.P. 洛夫克拉夫特的虚构作品，在这个版本中——"西蒙死灵之书"——包括亚述人的神，如帕祖祖，这给巴勒斯创作小说《红夜之城》（*Cities of the Red Night*）提供了灵感]。"翻看了几页后，他评价那是'好货'，他指的也可能是手稿……"

不久，巴勒斯陷入毒瘾，但这至少比酗酒好一点。1980 年年末，他写信给基辛，告诉基辛为了戒毒他打算参加一个私人治疗计划，他还说："不管付出什么代价，都该戒酒。酒对我来说实在是种诅咒，如果能早上醒来记得自己是怎么回家的，记得前天晚上我都说了些什么，对我来说是一种安慰。"巴勒斯参加了卡库斯医生的治疗项

"禁用公制单位"：巴勒斯在地堡，维克托·博克里斯拍摄于 1980 年

目，让巴勒斯印象深刻的是，作为医生，他的名字太不吉利了①。他的余生一直服用美沙酮，讽刺的是，在丹吉尔的时候，使他备受困扰的东西与美沙酮含有相同的物质，而美沙酮则是道洛芬的另一个名字。

小比利也遇到了毒品问题——他曾经根据自己服用安非他命、特别是酗酒的经历写过一本书《速度》(Speed)，基本上受到了父亲《瘾君子》的影响。对巴勒斯来说，在纳洛帕学院教书还有一个好处，即他距离身处科罗拉多州的小比利很近，但是比利越来越绝望，当巴勒斯几乎收养了格劳尔霍尔茨之后，他觉得自己进一步被巴勒斯抛弃了。比利已经33岁了，接受了肝移植，做了结肠造口手术，他开始自暴自弃，停止服用保护新肝脏并使其正常工作的类固醇。1981年3月的一天清晨，有人发现他倒在路边的沟渠里，内出血，很快就死了。

比利去世前几年，曾经给巴勒斯写过一封信，但是最后没有寄出。他责怪自己靠福利而存在，说自己一生都"在服用毒品，最初是努力想要理解你……上帝作证，你到底是什么人，为什么你周围有那些邪恶的子弹、枪支，还有混乱的疯子……你刚刚谋杀了一个4岁孩子的妈妈，当这个孩子问你：'你要去哪儿？'你回答过吗……"签名是"您那自出生就受到诅咒的孩子"，后面又补了一句，说《裸体午餐》之后，巴勒斯写的全部都是"最差劲的骗子的废话"。巴勒斯前去收拾比利的财物时，发现了这封信。

地堡阶段的后期，埃德蒙·怀特给巴勒斯拍过一张生动的照片，怀特1981年去那儿采访过他。巴勒斯状态很好，他扔出一个硬纸盒包装，再用眼镜蛇棒击中它，然后还演示了自己邮购的吹箭筒的玩法。

---

① 医生的名字卡库斯（Karkus），发音类似死尸（Carcass）。——译者注

怀特发现他有点拘谨和冷淡（"在与地球人打交道的过程中，火星人学会了忍耐"），怀特还提醒他，苏珊·桑塔格曾经说过，如果你见到巴勒斯，你会想"这不是哺乳动物"。

巴勒斯在地堡的时候已经写完了《红夜之城》，这是他最后一部三部曲中的第一本。其主要内容是一场 B-23 病毒引起的病毒性瘟疫，另外还包括一个 18 世纪自由主义者—同性恋海盗社区，可能基于米欣船长及其海盗的真实历史故事、失踪人口兼私人侦探与讨厌的二等兵克雷姆·史耐德（Clem Snide）之间的故事、中央情报局参与了一桩星际间的阴谋以及一部史前推理小说，说的是白人、黄种人和红种人都源于土著黑人的突变，起因是公元前 10 万年某个原始"红夜"的一颗流星。

白人种族源于疯狂而邪恶的突变的观点是基辛最喜欢的理论，他讨厌自己长满雀斑的燕麦色的皮肤，认为"包装很差"。6 个城市的名称也源于基辛，是巫术词：巴勒斯告诉埃德蒙·怀特，基辛催他"如果想要让问题的答案在梦中出现，就要在睡觉前重复这些名字"。奇怪的是，布里昂不记得自己是从哪儿听到这些名字的——"德马希斯、比丹、雅斯沃达、瓦格达斯、诺法纳和甘迪斯"。

巴勒斯酗酒并复吸毒品让詹姆斯·格劳尔霍尔茨感到伤心，他离开纽约，去了堪萨斯州的劳伦斯。此后，地堡的情况就越来越糟糕，这里的食客、烈性毒品和小偷越来越多。巴勒斯去劳伦斯看他，好像是中西部的一个无名之地，但是有一定的吸引力。他写信告诉基辛，这可能"是个不错的养老之地，晚上在花园的池塘边喂金鱼，另外还有蝙蝠和萤火虫"。

1981 年，地堡的租金上涨，巴勒斯搬去了堪萨斯州。

第十一章
1981—1997 年，堪萨斯州：再见，朋友们

　　1981 年年底，巴勒斯搬到堪萨斯州劳伦斯市。他先是在镇子南面租了一幢石灰岩房子，后来买了西尔斯罗巴克公司于 20 世纪 20 年代建造的一个两居室的木结构平房，后院有 1 英亩左右的花园，门前长满了玫瑰花。"我知道你觉得堪萨斯州很平淡，认为我会怀旧，"他写信给基辛，"这真的完全颠倒了。地方的整个概念死了，怀旧抓着它不放。曾经人人都想去巴黎、伦敦、纽约等地，但现在这一切都已经结束了。"

　　在这里巴勒斯摆脱了纽约对手枪的限制，他现在能够放纵自己对枪械的喜爱，同时他还酷爱阅读与枪支、刀具和求生训练有关的杂志。他有许多枪，包括猎枪，如柯尔特的 0.45 口径和 0.38 口径特种子弹左轮手枪。"看，"他对采访记者说，"漂亮吧？嗯？""我最喜欢的是我这支宪章武器公司生产的 2 英寸枪管、特工型、0.38 口径特种手枪。"恰好当时有一位佛罗里达的教授被三个青年用一袋冰块闷死，他说："我倒想看看哪个拎着冰袋的蠢货想试试这个。"巴勒斯还与当地朋友分享他的爱好，如乔治·考尔（George Kaull），他在车尾贴了支持枪支的贴纸。还有弗雷德·奥德里奇（Fred Aldrich），巴勒斯经常去奥德里奇家练习射击、喝伏特加和可乐，度过了很多愉快的下午。

　　在劳伦斯居住期间，他对美国内战中南部联盟的游击队领导人威廉·匡特里尔（William Quantrill）产生了浓厚的兴趣。匡特里尔为了

达到目的不择手段，1863 年 8 月 23 日早晨，他带人骑马冲进劳伦斯，浩劫了全镇。那些符合持枪年龄、可能持枪的男性全部被就地处决，受害者达到 200 人，年龄从 14 岁至 90 岁不等。匡特里尔的人骑马离开时，天色尚早，银行被洗劫一空，多数建筑被付之一炬。若干年以后，匡特里尔本人在一次伏击中被射杀身亡，时年 27 岁。

巴勒斯的小屋在勒纳德大街上，这个地名让他想起"努力学习"①，这些年来，他也从未停止过学习、发展和改变。特别的是，一种新的对动物的喜爱改变了他的情感生活。他搬去劳伦斯后，开始喂流浪猫，并给一只浅蓝色的猫起名叫鲁斯基，不久就有了一窝猫，有金杰、卡里可·简、韦皮、木提、斯普纳、森书、艾德·阿尔比诺和艾德·弗莱彻。他觉得第一只猫鲁斯基是前来拯救他的爱的启示，它像一种恩典一样来到他的身边。

巴勒斯的猫令他想起一些认识的人：他们是"穿着猫的外套"出现的他的过去。他觉得它们是自主的奋斗着的芸芸众生，他找到了自己在恋情关系中苦苦寻找的不可或失的接触感（"你看到了局限、痛苦、恐惧和最终的死亡。那就是接触的含义。我抚摸着猫，明白了这些，发现自己泪流满面"）。卡里可·简像是简·鲍尔斯，金杰可能是圣路易斯来的一位女士潘特旁·罗斯，鲁斯基则是奇奇。

人们有时候会惊讶地发现巴勒斯与猫谈话，对着猫浅吟低唱。他会为它们的情绪担心：当弗莱彻发火的时候，巴勒斯写道："我站在那儿，为他的愤怒担心死了。害怕它生气？这种害怕就在我的胸腔，颜色灰黑，像没有曝光的底片一样。"有一天，他流着泪醒来，因为他做了个非常伤心的噩梦；他将鲁斯基丢在了一个肮脏的荒野，到处是污水和燃烧的塑料，丛生的杂草盖过了废弃的过山车和摩天轮。"我不该带它去那儿！"

---

① 勒纳德（Learnard）和"努力学习"（Learn hard）的英文发音近似。

巴勒斯非常关心他的猫，他还在大门上贴了一个纸条，提醒应急服务人员屋里有猫需要营救。20世纪80年代，他经常想到核毁灭的问题，很为他的猫忧虑。当抢劫分子上街游行时，他说："我要全副武装，杀出一条通往猫粮柜台的血路。"

巴勒斯还将自己写进了他的最后一部小说《西部土地》，他写道："这位老作家喜欢看《奥杜邦协会：动物百科全书》，那么多动物，他全都喜爱。"有果蝠、捕鱼蝙蝠、苍白洞蝠、狐猿、环尾狐猴、飞狐猴和黑狐猴（"见到黑狐猴……作家感到几近痛苦的欣喜……强烈的纯真"）。老作家"一边翻着书，一边抚摸着图片，把它们拽向自己，仿佛因为看到一只猫妈妈伸手去够，所以他才把5只小猫咪推向它一样"。

在巴勒斯的情感想象中，狐猴也占有一席之地，那是一种更温和、更美好的原始生命，是一种与狒狒相对的生命。在《裸体午餐》中他曾经写过"满眼悲伤的狐猴"，现在，在他暮年之时，他去北卡罗来纳州杜克大学灵长类动物研究中心看了狐猴，并给他们寄去支票提供支持："我太爱它们了！"

《红夜之城》里面喜爱狐猴的海盗米欣船长，后来在《机会渺茫》（*Ghost of Chance*）中也出现了，这本书的普及版文末有几句话，是代表灵长类动物研究中心筹集资金。巴勒斯后来接受的采访都反映了他现实而冷静地关注社会生态和智人在地球上制造的、特别是通过人口过剩引发的终极混乱。

《机会渺茫》中，巴勒斯还思考了恶的奇迹创造者基督和"基督病毒"。巴勒斯眼中的基督是罪恶的，既不尊重品质，又不尊重动物，却服务于最一文不值的人类事业。惠特尼美国艺术博物馆（Whitney Museum of American Art）原本要为《机会渺茫》出版豪华版，条件是要巴勒斯将这些段落加以修改或删除，但是他坚持己见。

《红夜之城》已经出言不逊，他在一次采访中说："那完全是反基督教的。"并说他下一本书会在反基督教的路途上走得更远，而且，在美国的环境中，是"反新教"的。那么，他想做什么呢？是想要隐匿起来吗？他说："不，不，相反，我要继续红夜之旅。正如拿破仑所说，成功的顺序就是从卑鄙到更卑鄙到最卑鄙。"

在堪萨斯州的那几年里，巴勒斯最大的成就是完成了最后的三部曲，即所谓的"神奇宇宙"三部曲，先是《红夜之城》，接着是《死路之处》和《西部土地》。《死路之处》追溯了少年牛仔、酷儿金姆·卡森的职业生涯及其非法团伙"野果帮"的故事。1899 年 9 月 17 日，金姆在一次枪战中被射杀身亡，但他某种程度上是巴勒斯本人，有些段落有自传意味，某种程度上又是登顿·韦尔奇，巴勒斯觉得自己是透过他在写作："轻敲桌面，亲爱的。他正在越过坟墓写作……"

死路本身我们再也看不到了，只能在梦境和回忆中看得到。"记得……去丹吉尔拉腊什街 4 号的路或去伦敦阿伦德尔巷 24 号的路？那么多死路……"巴勒斯想到的好像不是伦敦 SW 13 的阿伦德尔巷而是伦敦 W 11 诺丁山的阿伦德尔花园路；1968—1969 年，心理失常的诗人哈里·弗恩莱特（Harry Fainlight）就住在 24 号，他认识巴勒斯和金斯伯格，曾经与巴勒斯短暂联络过。1982 年，诗人不幸辞世，当时巴勒斯正在写这本书，可能因此回忆起阿伦德尔花园路，认为那是一条死路[①]。一时之间，这些地方迷漫着某种完美的巴勒斯格调，一位导游指着南美地图，说："先生，这里……就是死路之处。"

《死路之处》表明，巴勒斯的内心进一步瓦解，他进入了一个幻

---

① 同年 10 月，金斯伯格写了一首短诗纪念他，发表于弗恩莱特死后出版的《诗选》（*Selected Poems*），伦敦，1986 年。巴里·迈尔斯向本书作者确认，巴勒斯了解弗恩莱特已经去世的情况。

想、记忆和痴迷的私人世界：荒野的西部、边境逃犯、时间旅行、鸦片制剂、神秘主义、手枪崇拜、复仇、科幻以及金星远足。在最后的三部曲中，"约翰逊们"终于崭露头角——作品原标题为《死路是约翰逊之家》——它强调了巴勒斯长期以来的观点，即那些自认为对的人犯了根本性的错误，他们是"狗屎"。正确本身就是一种病毒，在约翰逊们（如"野果帮"）和狗屎们之间，有一种摩尼教冲突。一般来说，巴勒斯反对道德说教，他甚至赞扬不道德的猫、贬低道德的狗（他认为狗是除了人之外，唯一有是非观的动物，甚至更糟）。如果道德观这样的词可以用在巴勒斯身上，那么巴勒斯的道德观就是不加判断地"管好我自己的事情"，这也是他长期以来的观点。

例如，说到推荐一部现实的自由主义吸毒史，巴勒斯会直白地说："美国的约翰逊们家里的书架上应该都有这本书——《吸毒者》。"最后一个三部曲的新重点是对此加以理论扭曲。巴勒斯重申了自己的诺斯替立场（"简单地说：基督教的上帝存在。他不是造物主"），现在他将一神宇宙与"多神宇宙"相对照，认为它们分别是垃圾宇宙和约翰逊宇宙。

这些观点写于 20 世纪 80 年代，与让-弗朗索·利奥塔（Jean-Frangois Lyotard）后现代主义的新异教主义观点惊人地一致。巴勒斯尤其痛恨宗教原教旨主义者，从美国媚俗白痴的福音传道（以及他所谓的美国"白痴大多数"，即道德多数派）到伊朗的阿亚图拉·霍梅尼（Ayatollah Khomeini）无一例外。在拉什迪事件之前很久，巴勒斯就看到，原教旨主义与任何一位严肃的或有价值的作家都会产生矛盾：阿亚图拉写的东西都"很讨厌，安拉，对喜欢莎士比亚的人来说，我们不喜欢它"。

《西部土地》再次以金姆·卡森为主角，还有一位堪萨斯州的老作家"以及我的猫，它仿佛是一个几光年前外出的星球的名誉代理"。这部作品关注的中心问题是实实在在的不朽，"西部土地"是死者的古埃及土地。生存是一件很困难的事情，只有少数人能成功活下来。这也是另一个长期关注的问题：巴勒斯已经写过，来之不易的"太空不朽"是值得为之努力的唯一目标，是从时间向空间发生较大转变的一部分。

对巴勒斯而言，这比其他任何有关子孙后代的问题都更加现实，不过 1983 年，经过金斯伯格的不断劝说，巴勒斯很高兴地加入了美国艺术与文学学会。泰德·摩根指出，掌声"零落"，尽管此时的巴勒斯已经是战后文坛的两位杰出人物之一，另一位是贝克特。不仅如此，他的作品几乎涵盖了美国正重点关注的众多问题，包括最后的国境、逃离母系社会、男性情谊、个人自主和摆脱控制的自由。

巴勒斯还获得了法国艺术及文学司令勋章。基辛几经周折才获得了法国艺术及文学骑士勋章——摩根称他吻了法国文化部长太太的手——他为此感到十分欣喜。基辛晚年备受肺气肿、结肠癌及肺癌的折磨，他的一个朋友罗辛·布勒（Rosine Buhler）记得，他在临死前几天中午用餐时，还让人把骑士勋章带给他，并很优雅地佩戴好。

1986 年春，巴勒斯在欧洲旅行时见到了基辛，他知道那是他们最后一次见面了。7 月份就传来了基辛去世的消息，他为此感到伤心，一度放下了手头的作品《西部土地》。几个月后，他们合作的作品《猫的内心》出版了，其中基辛创作了书法插图，但新书面世的喜悦因基辛的离世黯然失色。巴勒斯写道："基辛是我唯一尊重过的人……他有王者风范，毫不造作……"

哈桑·沙巴唯一的真正承继人……透过他的画作，我能瞥见老人领着杀手们参观的花园。花园不会是捏造的。布里昂不会造假。他是小精灵们、第戎武力的主人，决不会帮骗子或懦夫。

秋天，巴勒斯继续创作《西部土地》，但是基辛去世后，巴勒斯有了一项意料之外的新发展，他开始画画了。当年在"垮掉"旅馆时，他一度做过基辛风格的书法，但是后来放弃了，担心二人会形成竞争。如今基辛不再忌妒了，巴勒斯则觉得自己可以用艺术的方式将基辛留在自己的生活里。1982年开始，他尝试过用霰弹枪射击夹板，但是基辛死后，他认真地重拾艺术，1987年画家菲利普·塔菲（Philip Taafe）来看他，他因此发现了用枪射击喷漆罐的乐趣。

1987年，他的作品首次在纽约画商托尼·沙弗拉奇的画廊展出，这位画商曾经因用红漆破坏毕加索的画作《格尔尼卡》（*Guernica*）而为人所知。巴勒斯发现画画比写作简单多了，而且在明星文化的时代，很容易从中挣钱，不过他表现出了一贯的真诚。他把电视机送给别人，因为他现在看自己的画，而且他迷上了用霰弹枪射击夹板的神奇效果，相信那种爆炸会释放出"木头里面的小精灵"。

在堪萨斯州的那几年里，他找到了新的乐趣，但也有往日的悲伤，更有强烈的忧伤暗流涌动。自从母亲于1970年去世后，巴勒斯对父亲有种更加柔软的感情。1976年，他发表了《鹅卵石花园》（*Cobble Stone Gardens*），书名来自父母当年开的礼品店，献给他们共同的记忆，题词出自爱德华·阿灵顿·罗宾逊（Edward Arlington Robinson）（"从来不知道自己从他们那儿学了那么多／然而他们永不回头"）。有一段时间，他一直想找一本母亲的花艺书，后来朋友帮他找到了一本，他非常高兴。

巴勒斯记得他与父亲的关系一直比较紧张。在他20几岁的时候，刚从哈佛毕业，还没有工作，就在父母的店里帮忙。有一天晚上，他下楼去翻冰箱，发现父亲在那儿吃东西。他说："你好，比尔。"50多年后，巴勒斯想起这一幕，觉得父亲的声音"像个讨好的小男孩，而我却冷冷地、恨恨地看着他。我咕哝道，'你好'"。眼看着他神色暗淡。现在，太迟了，"我感到很心痛……我想向他伸出双手：爸爸！爸爸！爸爸！"

在堪萨斯州，巴勒斯开始回顾自己的人生，经常啜泣。约翰·厄普代克曾经对巴勒斯的书《圣人港》做过相当不屑的评论（"杀人凶手哗众取宠"），厄普代克突然话锋一转，谈到了巴勒斯的智慧、正直和"真正的他个人的忧郁。巴勒斯达到的实际效果是让我们相信，他所见到的事情和他所做的事情远比描述的悲伤"。1992 年，巴勒斯在堪萨斯州与英国诗人迈克尔·霍罗维兹（Michael Horovitz）通电话，他原本"愉快"的抑扬变化突然变成了"忧思"，接着引用了爱德华·阿灵顿·罗宾逊的诗句"错误太荒谬、不及懊悔"。回顾过往，魏尔伦（Verlaine）的诗句在他脑海里不停地回响："我的过去是一条邪恶的河流。"

在念了罗宾逊的诗句后，他跟霍罗维尔说，真正荒谬的错误是他射杀了琼；那天，丑陋的灵魂出手了。巴勒斯自我意识破碎，他觉得自己的内心有些东西是陌生的："我走进自己的灵魂，在某个点会碰到一种特别强烈的、非常敌意的力量，就像有人在酒吧里袭击我那么清晰。我们经常进入一种对峙的状态……"

与之相伴的高度的占有意识，巴勒斯对此极为矛盾，就像他对顺从的态度一样：一方面，占有是最糟糕的事情，是"根本的恶"，但是另一方面，"人没有天才，他们是被天才附身了……你被它占有了。你只能把自己打开，把自己摊开，任它占有"。另一次谈到这个主题，他说："我记得诺曼·梅勒说起过我……是可以想到的仅有的一个胸中有天才的美国作家。他没有说我是天才。他说我被天才附体了，宝贝，那好像是个恶魔。"

1992 年，这次似乎不再是与丑陋的精神对峙了，这次是对决，采用美国本土汗蒸驱邪的办法。基辛最早于 1959 年就"在恍惚的状态下、在一张纸上"揭示了灵魂的存在，美国的灵魂同时也进驻到巴勒斯的心里 ——"丑陋至极的美国人"。"与它紧密相关的是美国富豪"，范德堡（Vanderbilt）、洛克菲勒（Rockefeller）、"特别是（伦道夫）赫斯特（Randolph Hearst）"，报业老板及文字和形象的操控者。金斯伯格重复了巴勒斯的看法，他将其理解为"美国资本主义的全部，洛克菲勒以及中央情报局"。

汗蒸仪式由纳瓦霍族（Navajo）的萨满梅尔文·贝特赛利（Melvin Betsellie）引导，现场大约五六个人身处狭小的空间，周围呛人的烟雾和蒸汽缭绕。金斯伯格也在场，裸着身体，巴勒斯穿了一条短裤。这场仪式的特别之处在于仁爱，不同于一些基督教的驱邪，萨满不断地感谢前来参加活动的灵魂和人们，后来，巴勒斯开始自残并与丑陋的灵魂搏斗。情况一度令人惊恐，他似乎要把热炭塞进嘴巴，点燃黑暗。

贝特赛利说灵魂比他预想的还要强烈和邪恶。巴勒斯后来描述说，他曾经在自己的画作中见过它。漫长的仪式令巴勒斯筋疲力尽，几近窒息，但却极为感动。"我的感受很深，"他后来说，"我很喜欢那个萨满，他哭成那样，深切地悲伤，深切地……"早在与伍伯格医生打交道时，巴勒斯就已经发现自己身上有"多重人格"——这个说法是金斯伯格提出来的，不过，尽管他喜欢伍伯格医生，但是他确定有些事情"他没办法应对"。不过，他说，汗蒸驱邪"比任何一个精神分析师取得的效果都好"。

巴勒斯晚年的时候给 M. 斯科特·派克（M. Scott Peck）写过一封仰慕信（"我从未像粉丝一样写过信……"），他的书《心灵的拒绝》（Denial of the Soul）支持魔鬼附身的精神病现状。他也在梦中见过鬼魂，有些令他印象深刻："我曾经在梦中问一个邪恶的意大利江湖骗子的鬼魂：'喂，你是谁？'他在黑暗的湖面上笑了又笑——笑个不停，还戴着廉价俗气的意大利饰品——他有点邪恶，但不讨厌。"

巴勒斯与维克托·博克里斯长篇大论地研究过男魔和女妖之后，摩根听他说出"我经历过的最好的性爱是与我的幻影"也就不足为奇了。（"人们不愿意谈论，但我做过很多研究。有一个女人，她的丈夫死后经常来找她，他的床上功夫比在世的时候还要好。他还付给她小费，怎么样？"）在巴勒斯的诺斯替倾向的"光体"作品中，日益明显的空间旅行意识，即神秘风格的"星际"旅行，获得了逻辑结果。人体这种老式产品"密度太高"，不适合太空，"但是，我们有个办法使其密度减小，甚至完全没有重量，变成星体或梦中的身体。这种较轻的物体，即克劳利所谓的'光体'，更适合太空环境"。

阿莱斯特·克劳利在他 1929 年的作品《魔法的理论与实践》（*Magick in Theory and Practice*）中，讨论过"神奇生物或光体"的形成，称它们是"某些具体仪式之外的基本魔法"，包括"遇见微妙""欲望之躯"、女妖和《埃及度亡经》（*The Egyptian Book of the Dead*）。在较低一级的魔法层面上，巴勒斯有一个眼中钉，即一个名叫安纳托尔·布罗雅德（Anatole Broyard）的评论员，所以他对后者下咒，似乎很有效果，于是巴勒斯决定扩大范围，向那些给他写信又不说好话的人下咒。

特别的是，巴勒斯迷上了一种披着现代外衣的魔法设备，即"许愿机器"。劳伦斯本地的一个名叫莱恩·麦克格鲁德（Len McGruder）的熟人向他介绍了这种机器，还借给他一本书，是 G. 哈里·斯泰因（G. Harry Stine）写的《科学前沿》（*On The Frontiers of Science*），还有一个诱人的副标题《你可以制造的奇妙机器》。许愿机器是一个名叫托马斯·盖伦·希罗尼姆斯（Thomas Galen Hieronymous）于1949年申请专利的希罗尼姆斯机器的升级版；小约翰·W. 坎贝尔在《新奇科幻》杂志上提到它以后，才变得广为人知；也正是这位编辑最初向世界推出了山达基教。

等到这种机器来到巴勒斯手上的时候，已经简化为一个小型扩音器与两个黄铜盘子相连的东西。操作员将病人的照片、头发或剪下的指甲等放在两个盘子之间。有一个用户曾经取得了不错的成绩，治愈了女儿的痤疮。为了帮助基辛摆脱肺气肿，巴勒斯经常花几个小时摆弄这个机器，但是完全无效，不过似乎使他名叫金杰的猫不再长大了。

巴勒斯使用这个机器的时间超过10年，还把它写进了《西部土地》。他还为此在纳洛帕学院做过一次题为《许愿的技术和伦理》的讲座，详细说明摆弄象鼻虫照片能达到何种杀伤率，听众大笑，更多的是笑他，可能他有些时候有点紧张，他生硬、务实的慢吞吞拉长尾音的说话方式让人觉得那不是一种治愈型工具，倒可能是一种杀人机器。

谈到魔法许愿，巴勒斯提到了19世纪法国神秘学家埃利法斯·利瓦伊，称诀窍在于达到一定程度的解脱。10年后，他再次向一个朋友提起："希望得到不必要的东西……无欲无求地许愿。"关于这台许愿机，最有力的观点（约翰·W. 坎贝尔和G. 哈里·斯泰因在各自对"象征意义的希罗尼姆斯机器"的讨论中都有显示）是这台机器的图示比机器本身更有效。

让人惊讶的是，埃德蒙·怀特称巴勒斯的思想来源倾向于"恶心和造作"。除了玛雅考古、流行的西部风及科幻风，巴勒斯感兴趣的还有威廉·赖希、山达基教、有声杀人武器以及《国民问询者》杂志（National Enquirer）。面对内容丰富、本质理性的佛教，他在《隐

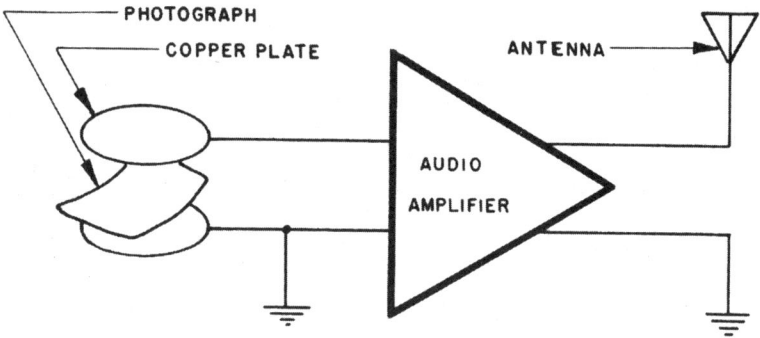

欲望回路：巴勒斯在 1986 年《许愿的技术与伦理》讲座上提到的许愿机器

居日记》中说道，他发现新世纪的伪智作家、最畅销的人种学骗子卡洛斯·卡斯塔尼达（Carlos Castaneda）更鼓舞人心。他早就对不明飞行物持怀疑态度，晚年的时候，他迷上了惠特利·斯特里伯（Whitley Streiber）有关外星人的叙述，1990年，他搬过去与斯特里伯夫妇同住，希望能见见外星人。

"原始"人普遍相信这世界上没有无辜或偶然的事情；所有的死亡都是谋杀，巫医也无法揪出罪犯。对此，巴勒斯在《裸体午餐》中曾经加以调侃，书中提到亚马孙印第安人（"原始人"）认为死亡都不是意外，巫医往往会预言式地归咎于邻近的部落（"用一个老巫师的话讲，亲爱的，他们不喜欢意外"）。此时以及在之前的几年里，巴勒斯确实相信神奇的宇宙，"相信只有有人希望发生些什么，才会有事情发生。没有意外。"巴勒斯的毕生信仰与非理性相结合，他的晚年生活几乎都是前启蒙性质的，与死者交谈、在梦境中与鬼魂相见、发出诅咒以及迷上包括刀具和吹箭筒在内的武器。有哈佛教育背景的他回归到了后现代的原始主义。

巴勒斯的很多信仰可以用精神病学的术语演绎，但这解释不了其文化影响，也解释不了为什么在同一时期若干美国作家的作品的中心题材都是各种偏执症，包括亨特·S.汤普森（Hunter S. Thompson）、托马斯·品钦（Thomas Pynchon）和菲利普·K.迪克（Philip K. Dick）。众所周知，晚年的巴勒斯思想古怪，但他的观点却有一定的道理，比如病毒和寄生虫的观点。有些人认为他预见了艾滋病即将到来，而从另一个角度来说，这是他一贯关注侵犯、冲击和控制等内容的延伸，也是语言渗透和语言殖民的潜在结果，今天我们称之为"模因"。

1975年，巴勒斯草草记下了自己的佛教静修："我们不控制语言的明证，是默唱歌曲。"那天早晨，他刮脸的时候自然而然地想到了《演艺船》里面的"就是我的比尔"，仿佛那些小小的迷恋和想法自带生命，就像18世纪闻名英国的"蛆虫"一样。或用20世纪的权威方式这么说：

> 应该认为蛆虫是一种生命结构，不仅是隐喻性的，而且是严格意义上的。当你在我的头脑中植入一只受精蛆虫时，你几乎就是在侵害我的头脑，将其变成蛆虫繁殖的载体，其方式与病毒侵害主细胞的遗传机制是一样的……也就是说，"相信来生"的蛆虫实际上在全世界个体的神经系统中以结构的形式、以数以百万倍的方式物理地实现了。

1994年末，巴勒斯完成了一部有关梦想的日记兼笔记兼回忆录：《我的教育：梦想之书》(*My Education: A Book of Dreams*)。那些年匆匆而过（"吗啡和氢吗啡酮的手稿……鸦片全碱粉色葡萄酒……以及百老汇街103号往昔的瘾君子"），他的梦想和现实重新洗牌：突然间登特医生在治疗小比利。巴勒斯的作品里，梦想往往是核心，他总是满怀感情地捕捉梦想。地点被美化了、混淆了，"斜坡上狭窄的街道隐约有巴黎的光影"，一个"隐约让人想起纽约"的城市以及背对着皮卡迪利广场的迷宫一样的狭窄的、弯弯曲曲的阿拉伯风格的街道。他的梦里住着那些他曾经认识的人，住在私人的死亡之地：他的父母、基辛、萨默维尔、奇奇、安东尼·鲍尔奇——如同多孔区，里里外外都透着特色鲜明的梦想，像是老佛爷出品的画作（"常见的房间、广场和街道混合体是死亡之地的标志。因为街道通向厨房和卧室，因此没有哪个区域是完全隐私的或完全公开的"，"在街道和私人屋舍之间没有界线"）。

在梦境和清醒之间也有类似的多孔区。柯勒律治曾经说过，如果有人在梦中去过天堂，并摘一朵花为证，即使他醒来时发现手上有朵花那又怎样？巴勒斯曾经问过维克托·博克里斯如何定义梦境和现实的区别，博克里斯回答说，如果有人在梦中打了你，清晨起床你身上并不会有任何瘀伤。"没有吗？"巴勒斯说，"那不对，亲爱的。我醒来的时候有黑眼圈。"这当然是开玩笑，但是他的极端浪漫主义与梦境相关，这突显了他与超现实主义之间的关系，这种关系有目共睹，以至于很大程度上反倒没人提了〔不过举办其艺术回顾展《入境口岸》（*Ports of Entry*）的馆长罗伯特·A. 索别谢克（Robert A. Sobieszek）称他"首先是一位超现实主义者"〕。

《我的教育》于 1995 年问世，是巴勒斯写作的最后一本书。很快，1996 年，《入境口岸》的展出进一步拓展了他的多媒体事业。巴勒斯从未过时，自从 20 世纪 60 年代以来，他炙手可热，如今产生了巨大的影响。约翰·沃特斯（John Waters）（谈及他自己时）如是说："年轻人需要有个坏人让他们仰望。""只要你愿意，你可以仰望恶俗大哥。"

在人生的最后几十年里，巴勒斯是最棒的恶俗大哥，他反常的保守风度更是加强了这种效果。除了他对个人自由的特别设想，他古怪的诚实、反美国主义的独特的美国品牌以及讨人喜欢的坏都通过读书会和唱片等为他收获了大批受众。"他问我美国国旗对我而言有何意义，"80 多岁的巴勒斯拖着长长的尾音说道，"我说：'医生，把它泡在海洛因里，我就吮吸它！'"① 他在电影里担任小配角，与摇滚和嘻哈乐队合作，演唱玛琳·黛德丽的老歌《再坠爱河》。最近一个比较著名的项目是，他与汤姆·威兹（Tom Waits）一起创作了歌剧剧本《黑骑士》（*The Black Rider*）。众所周知，他还为耐克运动鞋做电视广告，最后一把甩掉帽子。晚年的时候，他简直无愧于杂耍演员的称号，什

---

① 台词极具表演性，来自巴勒斯发表在《五月花》（*Mayfair*）上的一首旧诗《做对的事》（*The Do-Rights*）。

巴勒斯和他的画作，于劳伦斯，菲利普·海因（Philip Heying）拍摄于1987 年

么都做。

晚年的巴勒斯受到的最严厉的批评来自美国作家丹尼斯·库珀（Dennis Cooper）。巴勒斯晚年的作品不过是在重复过去的伎俩，20世纪70年代左右，他被重新包装成“一种杀人越货的喜剧演员/哲学家”，巴勒斯的秘诀——枪支、海洛因、对外星人和中情局阴谋的狂热——纯属“娱乐”。事实上，在库珀看来，巴勒斯“本质上是一个活跃的遗迹，长久地利用早期作品的成功，以至于我都怀疑他是否知道自己因何而闻名”。

回到堪萨斯州的小镇上，人们觉得巴勒斯是个“受宠的老怪物”，詹姆斯·格劳尔霍尔茨如是说。格劳尔霍尔茨精心照料巴勒斯，有志愿者为他做饭，有人为他开车，照顾他的生活。一般来说，巴勒斯要先服用美沙酮，然后吃早饭；下午练习手枪或扔匕首，然后阅读枪支杂志或低俗小说。他还会浏览自己收藏的有关死亡的书，比如《突然而可怕》（*Sudden and Awful*）、《奇怪的死亡方式》（*Weird Ways to Die*）、《他们是怎么死的》第1卷和第2卷（*How Did They Die Vols 1 & 2*）和《他们那样走了》（*They Went That-Away*）。

巴勒斯讨厌白天喝酒，但是晚上会豪饮。20世纪70年代，晚上是指下午6点以后，但是巴勒斯老了以后这个时间提前至下午3点半，他喝伏特加和可乐，可能还会抽烟，他抽了一辈子印度大麻，而且是变着法子抽（尽管20世纪40年代初，他意识到“吸大麻的人”多数是“愚蠢”和“偏执”的）。他可能会写一点笔记，不过为了保持精力，往往下午要小睡一会儿。有时候会有朋友过来吃晚饭，那么他就会早点睡，大约9点上床，为了防止有人闯入，他会在被单里放一把扁鼻子的0.38口径的手枪。

巴勒斯虚弱、秃顶、驼背，但他情绪饱满，多数时候头脑清醒。记者谈到他的年纪时，他往往说是因为生活方式健康。他曾经说过，他从不孤独，因为他有很多虚构人物，如今老了，他有朋友和猫（他视为"亲友"）陪伴。随着年龄的衰老和长期服用麻醉剂，性对他来说已经不是什么大问题，不过有一个十七八岁的年轻人在网上发文记录他们之间的交往，但是巴勒斯仍然乐于尝试美食，喜欢欣赏墙上挂的画作，大多是他和基辛的作品。他有一张拉尔夫·斯特德曼（Ralph Steadman）拍摄的照片，上面是几个爱德华时代打扮的人乘坐气球和飞行器在空中飞行；他曾于 1996 年说过，他喜欢这张照片，因为它"散发出一种奇怪的未来怀旧感"。

当然，基辛已经走了，琼、凯尔斯·埃尔文斯、奇奇、伊恩·萨默维尔和安东尼·鲍尔奇也都走了。在堪萨斯州的那几年，巴勒斯经常一边喝酒，一边唱着墨西哥探戈舞曲——《再见，朋友们》（"……我生命中的伙伴……"）。后来他又经历一轮丧亲之痛，尤其 1997 年 4 月金斯伯格的去世。亨克尔、利里和特里·萨瑟恩均在一年前去世。巴勒斯那几只猫的离开也给了他很大的打击，他曾经觉得这些猫教会他很多。它们一只只地死去，被埋在花园池塘边：最后离世的猫是弗莱彻，死于 1997 年 7 月。

对于圣路易斯那个最不受欢迎的男孩来说，这段旅程漫长、奇特且无法预料，但是现在终于走到了终点。

1997 年 8 月 1 日星期五，巴勒斯的一位年轻的朋友及助理汤姆·佩斯基奥（Tom Peschio）过去准备为他做午饭，发现他正经受胸痛的折磨。佩斯基奥比巴勒斯还要惊慌，立即打电话叫救护车，巴勒斯还对他说没事。佩斯基奥记得很清楚，巴勒斯说："没事，我马上回来［如今成了戴米安·赫斯特（Damien Hirst）2004 年创作的巴勒斯画像的标题——《我马上回来》]。""我想他那么说只是为了安慰我，"佩斯基奥说，"想到他安慰我，有点奇怪。"

巴勒斯陷入昏迷，第二天死于劳伦斯纪念医院，享年 83 岁，没有留下只言片语。他最后的文字似乎是 7 月 3 日星期三写下的笔记：

爱？爱是什么？

最天然的止痛药。

爱。

致 谢

研究巴勒斯的各位均应感谢巴勒斯的第一位传记作者泰德·摩根。他的作品最初问世时,我持保留态度,但不久就对其肃然起敬,因为这是一部丰厚的研究成果,也是必不可少的参考书。

我想感谢金斯伯格信托基金的彼得·黑尔,他花费很多精力帮助我解决插图问题;感谢奥立弗·哈里斯的宝贵工作,他不仅帮助我扩充巴勒斯的作品,还抽时间关注这本书的进展,感谢他始终如一的热情;感谢"垮掉"书店的安德鲁·斯克兰德斯热情、专业、慷慨地与我分享宝贵的资料。

我还要感谢马克·艾伦、戴维·巴雷特、詹姆斯·坎贝尔、安东尼·克莱顿、菲利普·海因、乔治·劳克德、伊恩·麦克法迪恩、巴里·迈尔斯、吉姆·彭宁顿、马克·皮尔金顿、伊恩·平德、比尔·雷德伍德、加文·森普尔、保罗·西维金、米米·特博和卡尔·威廉斯。感谢约翰逊之家的所有成员。本书的写作过程历尽艰辛,感谢希娜·乔因,因为有她的支持,我才能完成此书。我将这本书献给她。

图片版权声明

本书的作者和出版方对为本书提供图片和准许复制图片的各方

表示感谢。

　　"垮掉"书店，安德鲁·斯克兰德斯：第9、12、58、66、94、119、126、127、148、151、153、156、157、160、191页[1]；维克托·博克里斯：第177页；哈罗德·查普曼：第122页；©DACS 2010：第76页；西蒙·戴尔：第150页；盖蒂图像：第123、128、145页；艾伦·金斯伯格：第41、78、82、87、100页；金斯伯格信托基金：第41、74、78、82、87、100页；菲利普·海因：第195页；蒙特里尔的朗道美术馆：第76页；洛杉矶历史博物馆照片档案：第15页；巴里·迈尔斯：第164页；吉姆·彭宁顿：第6页；保罗·西维金：第173页；Topfoto网站：第122页。

---

[1] 页码为图片在原英文版书中的页码。

参考文献

1 St Louis Blues

1 William S. Burroughs, *Junky* (London, 1977), p. xi.
2 *Naked Lunch: The Restored Text* (London, 2005), p. 210. Ellipsis in original.
3 See David T. Courtwright, *Dark Paradise: Opiate Addiction in America Before 1940* (Cambridge, MA, 1982).
4 1985 interview with David Ohle in *My Kind of Angel: I.m. William Burroughs*, ed. Rupert Loydell (Exeter, 1998), p. 33.
5 Ibid., p. 27.
6 Laura Lee Burroughs, *Homes and Flowers: Refreshing Arrangements*, vol. III (Atlanta, GA, 1942), pp. 56; 58.
7 'Introduction: A Passport for William Burroughs', in Victor Bockris, *A Report from the Bunker with William Burroughs* (London, 1982), p. xiv.
8 Burroughs in *My Kind of Angel*, ed. Loydell, p. 30.
9 Cited in Ted Morgan, *Literary Outlaw: The Life and Times of William S. Burroughs* (London, 1991), p. 24.
10 Cited in ibid., p. 30, and later to provide a chapter heading in *The Wild Boys* (London, 1972), p. 32.
11 Ibid.
12 See 'Word', *Interzone* (London, 1990), pp. 66–68, and letter to Ginsberg, 24 July 1958, *The Letters of William S. Burroughs 1945–1959*, ed. Oliver Harris (London, 1993) p. 393.
13 Morgan, *Literary Outlaw*, p. 31.
14 'Lee's Journals', in *Interzone* (London, 1990), p. 117.
15 'St Louis Return', in *The Burroughs File* (San Francisco, 1984), p. 83.
16 Ibid., p. 88, further playing on the fact that this arcade later burned down.

17 Letter to Allen Ginsberg, 18 May 1959, in *The Letters of William S. Burroughs 1945–1959*, ed. Oliver Harris (London, 1993), p. 415.

18 *Cobble Stone Gardens* (Cherry Valley, NY, 1976), p. 10.

19 'The Driving Lesson', *Interzone*, p. 18.

20 'St Louis Return', p. 81.

21 Ibid.

22 Insults often remembered late in life, e.g. *The Place of Dead Roads* (London, 1984) p. 17; *Exterminator!* (New York, 1973), p. 10.

23 Heard by present writer, London 1982, cf. e.g. journal entry of 28 December 1997, *Last Words* (London, 2000), p. 33.

24 *The Wild Boys* (London, 1972), p. 32.

25 Cited Morgan, *Literary Outlaw*, p. 36.

26 Ibid., pp. 33–34.

27 Burroughs in *My Kind of Angel*, ed. Loydell, p. 34.

28 Cited Morgan, *Literary Outlaw*, p. 45.

29 Cited in ibid., p. 48.

30 Ibid., p. 43.

31 Cited in ibid., p. 51.

32 *The Yage Letters* (San Francisco, 1981), p. 11.

33 Cited Morgan, *Literary Outlaw*, p. 52.

34 Burroughs, *Junky*, p. xii.

35 "The Name is Burroughs", *The Adding Machine* (London, 1985), p. 2.

36 Ibid., p. 2; heard by the present writer in London, 1982; see "The Lemon Kid", *Exterminator!* (New York, 1973), p. 9.

37 Lord Cheshire and Reggie recalled in "The Name is Burroughs", p. 7; "The Junky's Christmas" [1954] in *The Junky's Christmas and Other Stories* (London, 1994), "The 'Priest', They Called Him" [1967] in *Exterminator!*, quotation from p. 159.

38 "The Name is Burroughs", p. 3.

39 Ibid.

40 The whole text is reproduced in *Word Virus: The William S. Burroughs Reader*, ed. James Grauerholz and Ira Silverberg (New York, 1998), p. 23.

41 Jack Black, *You Can't Win* (New York, 1926), p. v.

42 William Burroughs, "Foreword", Jack Black, *You Can't Win* (New York, 2000), p. 11.

43 Black, *You Can't Win* (1926), p. 162.

44 Burroughs, "Foreword", *You Can't Win*, p. 12.

2 The Hidden Antagonist

1 *Junky* (London, 1977), p. xiii.
2 See *My Education: A Book of Dreams* (London, 1995), p. 7.
3 "Sredni Vashtar", *The Penguin Complete Saki* (London, 1982), p. 136. Further quotes pp. 138, 139.
4 Burroughs in conversation with Christopher Isherwood, 1975, in *Burroughs Live: The Collected Interviews of William S. Burroughs, 1960–1997* (New York, 2001), ed. Sylvère Lotringer, p. 369.
5 Rupert Loydell, ed., *My Kind of Angel: I.m. William Burroughs* (Exeter, 1998), p. 20.
6 *Times Literary Supplement*, 6 December 1929, p. 970.
7 *The Wild Party* by Joseph Moncure March with drawings by Art Spiegelman (New York, 1994), p. vi.
8 "Twilight's Last Gleamings", *Interzone* (New York, 1989), pp. 3–12.
9 "The Name is Burroughs", *The Adding Machine* (London, 1985), p. 9.
10 Too screwy; act of collaboration: ibid.
11 1970 interview in *Burroughs Live*, ed. Lotringer, p. 159.
12 1987 interview in ibid., p. 680.
13 Cited James Campbell, *This Is The Beat Generation* (London, 1999), p. 24.
14 1972 interview in *Burroughs Live*, ed. Lotringer, p. 166.
15 Cited in Ted Morgan, *Literary Outlaw: The Life and Times of William S. Burroughs* (London, 1991), p. 73.
16 1978 interview in *Burroughs Live*, ed. Lotringer, p. 411.
17 *Junky*, p. xiv.
18 *My Education*, p. 145.
19 *Junky*, p. 72.
20 Ibid.
21 "The Finger", *Interzone*, p. 15.
22 Ibid., p. 17.
23 "Dream of the Penal Colony", *Interzone*, p. 45.
24 "The Finger", p. 17.
25 Peter Swales, *New York Observer*, 24 May 1993.
26 1981 interview in *Burroughs Live*, ed. Lotringer, p. 538.
27 Cited Morgan, *Literary Outlaw*, p. 80.
28 Samuel Beckett, *Proust* (London, 1965), p. 55.

29 William Burroughs, "Beckett and Proust", *The Adding Machine* (London, 1985), p. 184.

30 Ibid., p. 185.

31 Barry Miles, *William Burroughs: El Hombre Invisible* (London, 1992), p. 31.

32 *Exterminator!* (New York, 1973), p. 3. Subsequent quotations p. 8. It is possible that Burroughs's depiction of himself shouting in the street is an artistic reworking.

3 New York, New York

1 James Campbell, *The Beat Generation* (London, 1999), p. 23.

2 Jack Kerouac, *The Vanity of Duluoz* (London, 1969), pp. 217–18. Ginsberg features as Irwin Garden.

3 Ibid., p. 211.

4 *The Letters of William S. Burroughs 1945–1959*, ed. Oliver Harris (London, 1993), pp. 128; 68.

5 Kerouac, *The Vanity of Duluoz*, p. 208.

6 Ibid., p. 230.

7 Cited Morgan, *Literary Outlaw*, p. 107.

8 "First Recordings", *The Third Mind* (London, 1979), p. 89.

9 "Hippos", from extract reproduced in *Word Virus: The William S. Burroughs Reader*, ed. James Grauerholz and Ira Silverberg (New York, 1998), pp. 30; 33.

10 "Remembering Jack Kerouac", *Adding Machine*, p. 179.

11 "Gangsterling", cited by James Grauerholz, *Word Virus*, p. 11.

12 'Nice Old Gentleman', *My Education: A Book of Dreams* (London, 1995), p. 145; hysterics and paranoids, "On Freud and the Unconscious", *The Adding Machine* (London, 1985), p. 89.

13 Cited Barry Miles, *Ginsberg* (New York, 1989), p. 96.

14 *Interzone* (New York, 1989), p. 123.

15 *The Soft Machine* (London, 1968), p. 160.

16 *The Western Lands* (New York, 1988), p. 201.

17 Burroughs, *The Letters of William S. Burroughs 1945–1959*, ed. Oliver Harris (London, 1993), p. 115.

18 *Queer* (New York, 1985), p. 16.

19 Barry Miles, *William Burroughs: El Hombre Invisible* (London, 1992), p. 38.
20 Ibid.
21 Kerouac, *The Vanity of Duluoz*, p. 215.
22 Cited Miles, *Hombre Invisible*, p. 37.
23 Huncke, *The Evening Sun Turned Crimson* (New York, 1980), p. 111.
24 See "God's Own Medicine", *The Adding Machine*, p. 107.
25 Edward St Aubyn, *Bad News* (London, 1992), p. 48.
26 John Jones, *The Mysteries of Opium Reveal'd* (London, 1701), p. 29.
27 "I Am Dying, Meester?", *Yage Letters Redux*, ed. Oliver Harris (San Francisco, 2006), p. 76.
28 Thomas De Quincey, *Confessions of an English Opium-Eater* (London, 1822), pp. 94–97.
29 *Junky* (London, 1977), p. 7.
30 Ibid., p. 7.
31 Huncke, *Evening Sun Turned Crimson*, p. 111.
32 *Junky*, p. xvi.
33 Ibid., p. 5.
34 Huncke, *Evening Sun Turned Crimson*, p. 111.
35 *Junky*, p. 13.
36 Ibid., pp. 41–42.
37 *Naked Lunch: The Restored Text* (London, 2005), p. 5.
38 1965 interview in *Burroughs Live: The Collected Interviews of William S. Burroughs, 1960–1997*, ed. Sylvère Lotringer (New York, 2001), p. 72.
39 Ibid.
40 Kerouac, *The Vanity of Duluoz*, pp. 269–270.
41 Burroughs, *The Letters of William S. Burroughs 1945–1959*, ed. Oliver Harris (New York, 1993), p. 83.
42 Cited in Harris, 'Introduction' to *The Yage Letters Redux*, pp. xxv–xxvi.
43 *Junky*, p. 7.
44 Ibid., pp. 125–126.
45 Ann Marlowe, *How to Stop Time: An A–Z of Heroin* (New York, 1999), p. 9.
46 Eric Detzer, *Monkey on my Back* (London, 1990), p. 106.
47 *Junky*, p. 15.
48 Ibid., p. 27.
49 *Letters*, pp. 91; 98.
50 Morgan, *Literary Outlaw*, p. 128.

4 Go South, Young Man

1 *Junky* (London, 1977), p. 110.

2 Barry Miles, *William Burroughs: El Hombre Invisible* (London, 1992),
p. 43; Ted Morgan, *Literary Outlaw: The Life and Times of William
S. Burroughs* (London, 1991), pp. 136–137.

3 *The Yage Letters*, with Allen Ginsberg (San Francisco, 1963), pp. 37; 47.

4 *The Letters of William S. Burroughs 1945–1959*, ed. Oliver Harris
(New York, 1993), p. 51.

5 Jack Kerouac, *On The Road* (London, 1958), p. 152.

6 Ballard, 'Sticking To His Guns', *The Guardian*, 24 August 1993.

7 *Letters*, pp. 8, 22, 23.

8 Ibid., pp. 66, 29, 25.

9 Ibid., pp. 58, 43, 57, 58.

10 Ibid., p. 51.

11 *Junky*, p. 16.

12 *Letters*, p. 27.

13 Ibid., p. 38.

14 Ibid., p. 43.

15 Ibid., p. 63.

16 *Junky*, p. 114.

17 *Letters*, pp. 65, 78; *Soft Machine* (London, 1968), p. 13.

18 *Letters*, pp. 61, 69.

19 *Junky*, p. 130.

20 *Letters*, p. 79.

21 Ibid., pp. 89–90.

22 *Junky*, p. 111.

23 James Grauerholz, "The Death of Joan Vollmer Burroughs: What Really
Happened?", at http://old.lawrence.com/burroughs/deathofjoan,
pp. 23; 4.

24 Account from Morgan, *Literary Outlaw*, p. 177.

25 *Letters*, p. 68.

26 *Junky*, p. 152.

27 *The Yage Letters*, p. 5.

28 Dominic Streatfield, *Brainwash: The Secret History of Mind Control*
(London, 2006), pp. 81–82.

29 Alan Ansen, *William Burroughs* (Sudbury, MA, 1986), p. 13.

30 *Queer* (New York, 1985), pp. 50–51; 95.

31 Ibid., p. 96.

32 *Everything Lost: The Latin American Notebook of William S. Burroughs*, ed. Oliver Harris (Columbus, OH, 2008), p. 129.

33 Letter to Ginsberg of 4 June 1952; *Letters*, p. 128.

34 *Letters*, pp. 132–133.

5 A Slip of the Gun

1 *The Yage Letters*, with Allen Ginsberg (San Francisco, 1963), p. 14; *Queer* (New York, 1985), p. 91; *Everything Lost: The Latin American Notebook of William S. Burroughs*, ed. Oliver Harris (Columbus, OH, 2008), p. 181.

2 Eddie Woods to Ted Morgan in Ted Morgan, *Literary Outlaw: The Life and Times of William S. Burroughs* (London, 1991), p. 196.

3 James Campbell, *This Is The Beat Generation* (London, 1999), pp.120–121.

4 Woods in James Grauerholz, "The Death of Joan Vollmer Burroughs: What Really Happened?", at http://old.lawrence.com/burroughs /deathofjoan, p. 34.

5 William Burroughs, "My Most Unforgettable Character", in Michael Spann, *William Burroughs' Unforgettable Characters* (Brisbane, 2001), p. 54.

6 Morgan, *Literary Outlaw*, p. 200.

7 William S. Burroughs Jr, *Kentucky Ham* (New York, 1973), p. 31.

8 Ibid.

9 'Dream Record: June 8, 1953' in Allen Ginsberg, *Reality Sandwiches* (San Francisco, 1963), p. 48.

10 *The Letters of William S. Burroughs 1945–1959*, ed. Oliver Harris (New York, 1993), p. 263.

11 *Minutes of the Vienna Psychoanalytic Society*, 10 April 1907 (New York, 1962), p. 65.

12 *Last Words: The Final Journals of William Burroughs* (London, 2000), p. 17.

13 Burroughs, "Introduction" [1985] to *Queer*, p. 18.

14 *Junky* (London, 1977), p. 112.

15 Cited Morgan, *Literary Outlaw*, p. 205.

16 *Letters*, pp. 119–120.

17 Cited Harris, *Yage Letters Redux* (San Francisco, 2006), p. xxxv.

18 *Yage Letters*, pp. 8–9.

19 Burroughs, 'Yage Article', Appendix 5 of *Yage Letters Redux*, p. 91.

20 *Letters*, p. 166.

21 *Yage Letters Redux*: Halliday, p. xix; Burroughs, p. 29.

22 Ibid., pp. 44–45.

23 Description of yagé state collated from real letter to Ginsberg of 8 July 1953, *Letters*; fictionalized letter to Ginsberg of "July 10th 1953", *The Yage Letters*, pp. 50–53; 'Notes from yagé state' in "The Market" section of *Naked Lunch: The Restored Text* (London, 2005) pp. 91–92.

24 *Letters*, p. 181.

25 Ibid., pp. 171; 179; 180.

26 Ibid., p. 290.

27 *Everything Lost*, p. 187.

28 Perse, *Winds* [*Vents* 1946, trans. 1953] (New York, 1961) pp. 115; 73; 77; *Anabasis* [1924, trans. 1930] (London, 1959), p. 35.

29 *Naked Lunch*, p. 92.

30 Information in Ginsberg's caption to photograph of 1 September 1953; Ginsberg Deposit.

31 *The Yage Letters*, pp. 50–53, ellipses mine.

32 *Everything Lost*, p. 187, slightly normalized.

33 Ibid., pp. 183; 185; 193.

34 Ibid., p. 129.

35 *Everything Lost*, pp. 189; 209; 185.

36 Cited Morgan, *Literary Outlaw*, p. 209.

37 *Burroughs Live: The Collected Interviews of William S. Burroughs, 1960–1997* (New York, 2001), ed. Sylvère Lotringer, p. 807.

38 Miles, *Hombre Invisible*, p. 59.

39 Morgan, *Literary Outlaw*, p. 230.

40 Cited Miles, *Hombre Invisible*, pp. 58; 59; 59; 59.

41 Alan Ansen, *William Burroughs* (Sudbury, MA, 1986), p. 4.

42 Ansen enclosure in Burroughs's letter to Ginsberg, 2 January 1954, *Letters*, p. 194.

6 Tangier and *Naked Lunch*

1 "International Zone", *Interzone* (London, 1990), p. 59.

2 Cited in Iain Finlayson, *Tangier* (London, 1992), p. 93.

3 *Interzone*, p. 58, cf. *The Letters of William S. Burroughs 1945–1959*, ed. Oliver Harris (London, 1993), p. 330.

4 Ibid., p. 205.

5 Ibid., pp. 222, 226, 213.

6 Ibid., p. 204.

7 Ibid., p. 206.

8 *Interzone*, pp. 66, 50, 70.

9 *Letters*, p. 266.

10 Ibid., pp. 224, 223.

11 Ibid., pp. 303, 216; *Interzone*, pp. 74–75.

12 Ted Morgan, *Literary Outlaw: The Life and Times of William S. Burroughs* (London, 1991), p. 241.

13 *Interzone*, p. 50

14 *Letters*, p. 326.

15 Marie-Jacqueline Lancaster, *Brian Howard: Portrait of a Failure* (London, 1968), p. 430.

16 Letter to John Banting, circa March 1954, in *Brian Howard*, ed. Lancaster, pp. 529–530.

17 *Letters*, p. 204.

18 Ibid., p. 215.

19 Ibid., pp. 217, 310.

20 Ibid., p. 216; cf. *Interzone*, p. 127.

21 *Letters*, pp. 260, 262.

22 "Lee's Journals", *Interzone*, p. 69.

23 *Letters*, p. 266; cf. pp. 268–269.

24 "The Conspiracy", *Interzone*, pp. 108–109.

25 *The Place of Dead Roads* (London, 1984), p. 42.

26 "The Name is Burroughs", *The Adding Machine* (London, 1985), p. 11.

27 *The Soft Machine* [1961] (London, 1968), p. 185.

28 Letter to John Montgomery, 23 February 1959, currently in possession of Andrew Sclanders, London.

29 *Letters*, p. 380.

30 Cited Morgan, *Literary Outlaw*, p. 259.

31 "Graham Greene", *The Adding Machine*, p. 187.

32 *Letters*, p. 326.

33 Gerald Richardson, *Crime Zone* (London, 1959), pp. 162–163.

34 *Letters*, p. 326.

35 Kerouac, *Desolation Angels* (London, 1966), p. 311.

36 Gerald Nicosia, *Memory Babe: A Critical Biography of Jack Kerouac* (New York, 1983), p. 545.

37 *Letters*, pp. 345, 337.

38 Bowles, 'Burroughs in Tangier', *The Burroughs File* (San Francisco, 1984), p. 15.

39 'Burroughs in Tangier', *The Burroughs File*, p. 16.

40 *Letters*, p. 346 n. 49.

41 Ibid., pp. 365, 375.

42 Ibid., p. 365.

43 *Naked Lunch: The Restored Text* (London, 2005), p. 188.

44 Letter of 7 December 1985, *In Touch: The Letters of Paul Bowles* (London, 1994), p. 526.

45 Burroughs cited Miles, *Hombre Invisible*, p. 87.

46 *Letters*, p. 298.

47 *Naked Lunch*, p. 173.

48 *Letters*, p. 266.

49 Ibid., p. 215.

50 Ibid., p. 289.

51 Ibid., pp. 378, 411.

52 Ibid., p. 359.

53 Ibid., p. 385.

7 Paris: Cut-ups at the Beat Hotel

1 Barry Miles, *The Beat Hotel* (London, 2001), p. 69.

2 Ginsberg to Orlovsky, cited in *The Letters of William S. Burroughs 1945–1959*, ed. Oliver Harris (London, 1993), p. 386, n. 4.

3 Miles, *The Beat Hotel*, p. 76.

4 Cited ibid., p. 71.

5 Jeremy Mercer, *Books, Baguettes and Bedbugs* (London, 2006), p. 75.

6 "Paris Please Stay the Same", *The Adding Machine* (London, 1985), p. 104.

7 Ibid., pp. 104–105.

8 *Letters*, p. 386.

9 Cited Miles, *The Beat Hotel*, p. 78.

10 Both cited James Campbell, *This Is The Beat Generation* (London, 1999), p. 223; the juxtaposition is Campbell's.

11 Ted Morgan, *Literary Outlaw: The Life and Times of William S. Burroughs* (London, 1991), p. 291.

12 Letter from Kerouac on Celine, *Paris Review* (Winter / Spring 1964).

13 Los Angeles . . . Jeeews . . . Celine novel . . . pond . . . definitively aside: Burroughs in conversation with Victor Bockris, *A Report from the Bunker* (London, 1982), pp. 15–16.

14 'Interesting person'; "nice person", *Letters*, pp. 389; 393.

15 Ibid., pp. 416–417.

16 Introduction to *The Last Museum* (New York, 1986) and elsewhere.

17 Cited in Michelle Greene, *The Dream At The End of The World* (London, 1992), p. 78

18 Salvador Dalí, *Diary of a Genius* (London, 1994), p. 189.

19 Burroughs in 1960 dialogue with Gysin, reprinted in Gysin and Wilson, *Here to Go* (London, 1985), pp. 173 / 175.

20 "Cut-Ups: A Project for Disastrous Success" [1964], reproduced Brion Gysin, *Back in No Time: The Brion Gysin Reader*, ed. Jason Weiss (Middletown, CT, 2001), p. 130.

21 *Letters*, p. 398; Chinese painter story cited in Morgan, *Literary Outlaw*, p. 482.

22 Gysin, *Back in No Time*, p. 122.

23 "C-U: APFDS", *Back in No Time*, p. 130.

24 Letter to present writer from Terry Wilson, April 2001.

25 Morgan, *Literary Outlaw*, p. 235.

26 *Letters*, pp. 398–399.

27 Ibid., p. 396.

28 Ibid., p. 415.

29 He served five and wrote a book, *The Total Beast*, about his experience.

30 *Letters*, p. 405.

31 Ibid., pp. 405; 419; cf. Morgan, *Literary Outlaw*, pp. 306ff.

32 *Letters*, p. 411.

33 Ibid., p. 411.

34 Death, worlds, no going back: ibid., pp. 415; 420; 411.

35 "c-u: apfds", *Back in No Time*, ed. Weiss, p. 125.

36 *Letters*, p. 406.

37 1985 interview with David Ohle in *My Kind of Angel: I.m. William Burroughs*, ed. Rupert Loydell (Exeter, 1998), p. 27.

38 "Paris Please Stay The Same", *The Adding Machine* (London, 1985), p. 105.

39 Morgan, *Literary Outlaw*, p. 314.

40 Cited in ibid., p. 316.

41 Cited Miles, *The Beat Hotel*, p. 185.

42 Cited Barry Miles, *William Burroughs: El Hombre Invisible* (London, 1992), p. 103.

43 Static handshake, creepy kicks; cited Miles, *The Beat Hotel*, pp. 185; 187.

44 Cited Miles, *The Beat Hotel*, p. 193.

45 Letter cited Morgan, *Literary Outlaw*, p. 320.

46 "I am Dying, Meester?" (1963), *Yage Letters Redux* (San Francisco, 2006) p.78.

47 Cited Morgan, *Literary Outlaw*, p. 361.

48 Cited ibid., p. 323.

49 Interview with Joseph Barry in *New York Post* [1963], reproduced in *Burroughs Live*: Beckett, p. 49; Burroughs, p. 50.

50 "Precise Intersection Points", *Third Mind*, with Brion Gysin (London, 1979), p. 136.

51 Preface [1985] to *Queer* (New York, 1985), pp. 16; 15; 15.

52 *Letters*, p. 431. The joke is identified in Oliver Harris's notes.

53 Ibid., pp. 430; 434.

8 Burroughs 1960–1965: Undesirable Alien

1 According to Gysin, in "Cut-Ups: A Project for Disastrous Success", *The Third Mind* (London, 1979), p. 44.

2 Cyril Connolly, *The Unquiet Grave* (London, 1945), p. 62.

3 Cited in John Geiger, *Chapel of Extreme Experience: A Short History of Stroboscopic Light and the Dream Machine* (New York, 2003), p. 10.

4 Ibid., pp. 24; 54–55.

5 Ibid., p. 66.

6 Paul Bowles, letter of 12 December 1964, *In Touch: The Letters of Paul Bowles* (London, 1994), p. 370.

7 Cited Geiger, *Chapel of Extreme Experience*, p. 53.
8 *Letters of Aldous Huxley*, ed. James Sexton (Chicago, 2007), p. 475.
9 Cited Ted Morgan, *Literary Outlaw: The Life and Times of William S. Burroughs* (London, 1991), p. 367.
10 Cited ibid., p. 368.
11 Geoffrey Gorer, *Bali and Angkor* (London, 1936), Appendix I, 'Mescaline', pp. 214–217, ellipses mine.
12 Morgan, *Literary Outlaw*, p. 369.
13 Cited ibid., p. 377.
14 Timothy Leary, *High Priest* (New York, 1968) p. 219.
15 Ibid., pp. 215; 218–219.
16 Timothy Leary, "Programmed Communication During Experiences with DMT", *Psychedelic Review*, 8 (1966).
17 Morgan, *Literary Outlaw*, pp. 381; 382.
18 Cited ibid., p. 382.
19 Leary, *High Priest*, p. 216.
20 Journal entry, March 1959, in Joseph Cornell, *Theatre of the Mind: Selected Diaries, Letters and Files*, ed. Mary Ann Caws (London, 1993), p. 254.
21 "Beckett and Proust", *The Adding Machine* (London, 1985), p. 185.
22 Interviewed by Conrad Knickerbocker, *Paris Review*, 35 (Fall 1965); reprinted in *Burroughs Live: The Collected Interviews of William S. Burroughs, 1960–1997*, ed. Sylvère Lotringer (New York, 2001), p. 65.
23 Jean Cocteau, *Opium* [1930] (London, 1968), p. 145.
24 "It Belongs to the Cucumbers", *The Adding Machine*, p. 53.
25 E.g. in his Naropa lecture on cut-ups, Track 2 of CD *First Thought, Best Thought*.
26 "Fold-ins", *The Third Mind*, p. 95, earlier in *Transatlantic Review*, 11 (London, 1962).
27 Cited Morgan, *Literary Outlaw*, p. 340.
28 Cited by John Calder in his foreword to *The Naked Lunch: A New Edition Containing the "Ugh" Correspondence* (London, 1982).
29 *Times Literary Supplement*, 14 November 1963.
30 Michael B. Goodman and Lemuel Coley, *William S. Burroughs: A Reference Guide* (New York, 1990), p. 218.
31 "Academy 23", *The Job* (London, 1970), p. 136.
32 1982 interview, *Burroughs Live*, ed. Lotringer, p. 551.

33 "Mr Bradley-Mr Martin is two people because it is a statement of the impasse of [the] dualistic universe which he has created"; 1965 interview, *Burroughs Live*, ed. Lotringer, p. 95.

34 1965 interview, *Burroughs Live*, ed. Lotringer, p. 83.

35 *Yage Letters Redux*, p. 71.

36 *Nova Express* (London, 1966), pp. 13–14.

37 *The Soft Machine* (London, 1968), appendix, p. 172.

38 Tony Tanner, *City of Words: American Fiction 1950–1970* (London, 1971), p. 133.

39 *Burroughs Live*, ed. Lotringer, p. 606.

40 Cited Morgan, *Literary Outlaw*, p. 401.

41 Barry Miles, "A Checklist of the Books of William Seward Burroughs", *Final Academy* (London, 1982), p. 37.

42 Cited Morgan, *Literary Outlaw*, p. 402.

43 *Times Literary Supplement*, Letters section, 2 January 1964.

44 Burroughs in Victor Bockris, *With William Burroughs: A Report from the Bunker* (London, 1982), p. 74.

45 Anthony Burgess, *Enderby Outside* (London, 1968), p. 138.

46 *Naked Lunch: The Restored Text* (London, 2005), pp. 129; 169.

47 *Times Literary Supplement*, 6 August 1964, pp. 682–683.

48 *Interzone* (London, 1990), p. 130.

49 Burroughs, "Foreword" to Joe Maynard and Barry Miles, *William S. Burroughs: A Bibliography* (Charlottesville, VA, 1978), p. xi.

50 "St Louis Return", *The Burroughs File* (San Francisco, 1984), pp. 83; 89; 83.

51 "Last Awning Flaps on the Pier", in ibid., p. 134.

52 In *Architectural Design*, XXXIX/6 (June 1969), p. 314.

53 *Back in No Time: The Brion Gysin Reader*, ed. Jason Weiss (Middletown, CT, 2001), p. 3.

54 Burroughs letter to Peter Matson, 8 March 1973, in possession of present writer.

55 Carl Weissner, in Bockris, *With William Burroughs*, p. 8.

56 Barry Miles, notes to 1995 CD re-issue.

57 Cited Morgan, *Literary Outlaw*, p. 420.

9 Swinging London, 1966–1973

1 "Conversations: Genesis P. Orridge and Charles Kemp", *New Style* magazine, 10 (1978), p. 15.
2 Barry Miles, *William Burroughs: El Hombre Invisible* (London, 1992), p. 148. Hampton Court, Ted Morgan, *Literary Outlaw: The Life and Times of William S. Burroughs* (London, 1991), p. 429.
3 Robert Anton Wilson, *Cosmic Trigger* (Scottsdale, AZ, 1991), pp. 43–45.
4 Cited Morgan, *Literary Outlaw*, p. 372.
5 Burroughs's thoughts on the insect trust - as in *Naked Lunch: The Restored Text*, p. 123 - gave rise to the title of the small press poetry magazine, *The Insect Trust Gazette*, which first appeared in Summer 1964 and featured work by Burroughs and Gysin among others.
6 Ginsberg in Miles, *Hombre Invisible*, p. 119; Miles in Victor Bockris, *With William Burroughs: A Report from the Bunker* (London, 1982), p. 47.
7 Gysin and Wilson, *Here to Go* (London, 1985), pp. 219, 227, 228.
8 Gysin to present writer, 2 October 1982.
9 As paraphrased in Morgan, *Literary Outlaw*, p. 440. Rock C. Slam, ibid., p. 441.
10 Currently in possession of Andrew Sclanders, London.
11 Control addict cited Miles, *Hombre Invisible*, p. 155; resenting his perfection cited Morgan, *Literary Outlaw*, p.442.
12 Reprinted in *Burroughs Live: The Collected Interviews of William S. Burroughs, 1960–1997*, ed. Sylvère Lotringer (New York, 2001); quotations from pp. 104; 105; 111; 109.
13 *International Times*, no. 119 (16–30 December 1971): centrefold.
14 To Claude Pelieu and Mary Beach, 10 December 1969, formerly in possession of Andrew Sclanders, London.
15 Cited Morgan, *Literary Outlaw*, p. 565.
16 Cited ibid., p. 456.
17 See ibid., pp. 454–455, Bockris, *With William Burroughs*, pp. 120–121. Morgan says 1972, Burroughs in Bockris says 1971.
18 Brion Gysin, "The Pipes of Pan", first published in 1964 in Ira Cohen's journal *Gnaoua*, and subsequently reprinted as liner notes for the LP record *Brian Jones Presents the Pipes of Pan* (1971).
19 Andrew Sclanders, *Beat Books* catalogue 48, item 173.
20 Cited Morgan, *Literary Outlaw*, p. 407.

21 Burroughs to Lou Reed, Bockris, *With William Burroughs*, p. 25.

22 *The Place of Dead Roads* (New York, 1983), pp. 171; 176.

23 *The Western Lands* (New York, 1988), p. 252.

24 'Playback from Eden to Watergate', later version in *The Job*, revised and enlarged edition (New York, 1974).

10　Holding the Bunker

1 Victor Bockris, *With William Burroughs: A Report from the Bunker* (London, 1982), p. 83.

2 "It Belongs to the Cucumbers", *The Adding Machine* (London, 1985), pp. 53–54.

3 *Fanatic No.2: Special Low Mindedness Issue* (Amsterdam, 1976) [two page spread, unpaginated]

4 Ted Morgan, *Literary Outlaw: The Life and Times of William S. Burroughs* (London, 1991), p. 303.

5 Ibid., pp. 491; 492.

6 Christmas Humphreys, *A Popular Dictionary of Buddhism* (New York, 1962), p. 140.

7 Bockris, *With William Burroughs*, p. 204.

8 Ibid., pp. 91; ix.

9 Ibid., pp. 155; 148; 153.

10 Morgan, *Literary Outlaw*, p. 541; it has been suggested Stern was talking to the dial tone.

11 Bockris, *With William Burroughs*, pp. 87; 58.

12 Ibid., p. 117.

13 See *Desolation Angels* (New York, 1995), p. 341.

14 Bockris, *With William Burroughs*, p. 199.

15 Ibid., pp. 181; 189.

16 Brion Gysin to present writer, 2 October 1982.

17 See Bockris, *With William Burroughs*, pp. 138–143.

18 Bockris, *With William Burroughs*, p. 163.

19 Khem Caigan, 'From Necronomicon to Pazuzu and Whirlwinds', in *Kaos*, 14, ed. Joel Birocco (London, 2002), p. 83.

20 Cited Morgan, *Literary Outlaw*, p. 563.

21 Cited ibid., p. 528.

22 Edmund White, "The Inner Burroughs: This Is Not A Mammal",
   reprinted *Burroughs Live: The Collected Interviews of William S. Burroughs,
   1960–1997*, ed. Sylvère Lotringer (New York, 2001), pp.473–479. Sontag
   is identified in Edmund White, *City Boy* (London, 2010), p. 242.
   Quotations pp. 473; 475.
23 Ibid., p. 477.
24 Cited Morgan, *Literary Outlaw*, p. 564.

11 Kansas 1981–1997: Adiós Muchachos

1 Cited Ted Morgan, *Literary Outlaw: The Life and Times of William
   S. Burroughs* (London, 1991), p. 571.
2 Duncan Fallowell, "Fast Frames Slow Draw", *Time Out*, 24–30 September
   1982, p. 12.
3 *Last Words* (London, 2000), p. 186.
4 See ibid., pp. 97; 213.
5 "Contact"; "cat charade", *The Cat Inside* (New York, 1986), p. 70.
6 Cited Morgan, *Literary Outlaw*, p. 606.
7 *The Cat Inside*, p. 6.
8 *Burroughs Live: The Collected Interviews of William S. Burroughs, 1960–1997*,
   ed. Sylvère Lotringer (New York, 2001), p. 645.
9 *The Western Lands* (New York, 1988), p. 248.
10 *Naked Lunch* (London, 2005), p. 92. See also "A Distant Thank You"
   section of *Nova Express*, with "the lemur people" imagined as all
   gentleness and emotional feeling, without any aggression.
11 *Last Words*, p. 216.
12 *Burroughs Live*, p. 497.
13 Ibid., p. 497.
14 Ginsberg wrote a short piece commemorating him that October,
   published in Fainlight's posthumous *Selected Poems* (London, 1986).
   Barry Miles has confirmed to the present writer that Burroughs knew
   of Fainlight's death.
15 *Dead Roads*, pp. 285–286.
16 See, for example, "MOB", *New Edinburgh Review* (Summer 1979), p. 40.
17 *The Drug User: Documents 1840–1960*, ed. D. Strausbaugh and D. Blaise
   (New York, 1991), foreword by Burroughs.

18 *Dead Roads*, p. 217.

19 *The Western Lands*, p. 203.

20 Ibid. p. 252.

21 "Statement on the Final Academy", *The Final Academy* (London, 1982).

22 Morgan, *Literary Outlaw*, p. 9.

23 Cited by Burroughs in his introduction to *The Last Museum* (reprinted in Brion Gysin, *Back in No Time: The Brion Gysin Reader*, ed. Jason Weiss (Middletown, CT, 2001) pp. xiii–xiv).

24 Introduction to *The Last Museum*.

25 Cited Morgan, *Literary Outlaw*, p. 613.

26 Cited by Sylvère Lotringer, *Burroughs Live*, p. 650.

27 *My Education*, p. 147; cf. *The Cat Inside*, p. 78.

28 *New Yorker*, 11 August 1980.

29 Horovitz in *My Kind of Angel: I.m. William Burroughs*, ed. Rupert Loydell (Exeter, 1998), p. 62.

30 *The Cat Inside*, p. 49. Seemingly from Verlaine's *Sagesse*, where the poet, with his *âme veuve* ('widowed soul') reviews the past, 'comme un mauvais fleuve!'. Burroughs attributes it to Verlaine in his late journals, *Last Words* (London, 2000), p. 67.

31 *Burroughs Live*, p. 798.

32 Ibid., p. 758; Loydell, ed., *My Kind of Angel*, p. 32.

33 Trance state to CIA; Burroughs and Ginsberg in conversation, *Burroughs Live*, pp. 813–814.

34 "I like the shaman" cited Miles, *Hombre Invisible*, p. 223. Persona, Wolberg, better than psychoanalysis; Burroughs and Ginsberg in conversation, *Burroughs Live*, pp. 814–815.

35 See *Last Words*, pp. 147–155.

36 Ibid., p. 72.

37 Morgan, *Literary Outlaw*, p. 591.

38 "Civilian Defence", *The Adding Machine* (London, 1985), p. 82.

39 *Magick in Theory and Practice*, ed. John Symonds and Kenneth Grant (London, 1973), pp. 214–215.

40 *Burroughs Live*, p. 758.

41 Stine, "Symbolic Machines" and "The Symbolic Hieronymous Machine" in *On the Frontiers of Science* (New York, 1985), pp. 60–94; Campbell, "Addendum on the Symbolic Psionic Machine" in *Astounding Science Fiction*, LIX/4 (June 1957), modifying his earlier pieces 'Psionic Machine

– Type One', ASF, LVII/4 (June 1956), and 'Correction and Further Data on the Hieronymous Machine', ASF, LVII/6 (August 1956).

42 *Burroughs Live*, p. 475.

43 See *Naked Lunch* (London, 2005), pp. 92–93.

44 1981 interview, *Burroughs Live*, p. 571; cf. 1984 interview, *Burroughs Live*, p. 610; Burroughs himself makes a point about going 'full circle' back to the magical universe in *My Education*, p. 156.

45 See OED entry for "maggot": Noun 1; sense 2a.

46 Richard Dawkins, quoting N. K. Humphrey in *The Selfish Gene* (London, 1978), pp. 206–7.

47 *My Education*: old time junkies p. 171; Dent treating Billy p. 44; places pp. 40, 177, 30; inner/outer porosity pp. 34, 37.

48 *The Notebooks of Samuel Taylor Coleridge*, ed. Kathleen Coburn (New York and London, 1957–2002), vol. III, n. 4287.

49 Victor Bockris, *With William Burroughs: A Report from the Bunker* (London, 1982), p. 204.

50 Robert A. Sobieszek, *Ports of Entry: William S. Burroughs and the Arts* (Los Angeles, 1996), p. 25.

51 A line which always went down well in performance, from 'The Do-Rights'; an old Burroughs piece in *Mayfair*.

52 Dennis Cooper, *All Ears: Cultural Criticism Essays and Obituaries* (New York, 1999), pp. 144, 145, 143.

53 Cited in "The Inner Circle: Memories Collected from the FOBS (Friends of Burroughs)" by Frank Tankard, currently available on the internet at www.lawrence.com/news.2007/jul/30/inner_circle.

54 *Junky* (London, 1977), pp. 17–18.

55 See e.g. *The Cat Inside*, p. 67.

56 'In Bed with Burroughs' by Marcus Ewert, available on the internet: www.lawrence.com/news/2007/jul/30/bed_burroughs.

57 *Burroughs Live*, p. 778.

58 Mimi Thebo to present writer, 30 September 2008.

59 "Goodbye, Friends" (". . .Companeros of my life . . .")

60 Tankard, "The Inner Circle".

61 *Last Words*, p. 253.

Select Bibliography

Works by Burroughs

[As William Lee] *Junkie: Confessions of an Unredeemed Drug Addict*
    (New York, 1953)
The Naked Lunch (Paris, 1959)
Minutes to Go, with Brion Gysin, Sinclair Beiles, Gregory Corso (Paris, 1960)
The Exterminator, with Brion Gysin (San Francisco, 1960)
The Soft Machine (Paris, 1961)
"Comments on the Night Before Thinking", *Evergreen Review*, 5
    (September–October 1961)
The Ticket That Exploded (Paris, 1962)
Dead Fingers Talk (London, 1963)
The Yage Letters, with Allen Ginsberg (San Francisco, 1963)
Roosevelt After Inauguration (New York, 1964)
Nova Express (New York, 1964)
"The Literary Techniques of Lady Sutton-Smith", *Times Literary Supplement*
    (6 August 1964)
Time (New York, 1965)
APO-33 Bulletin: A Metabolic Regulator (San Francisco, 1966)
So Who Owns Death TV?, with Claude Pelieu and Carl Weissner
    (San Francisco, 1967)
The Dead Star (San Francisco, 1969)
"St Peter's Building (1888)", *Architectural Design*, XXXIX/36 (June 1969)
The Job (New York, 1970)
The Last Words of Dutch Schultz (London, 1970)
"The Revised Boy Scout Manual" [as three cassettes, 1970], printed in
    RE-Search 4-5: William S. Burroughs, Brion Gysin, and Throbbing Gristle

(San Francisco, 1982)

Ali's Smile (Brighton, 1971)

The Wild Boys (New York, 1971)

Electronic Revolution (Cambridge, 1971)

Exterminator! (New York, 1973)

White Subway (Brighton, 1973)

Mayfair Acadamy [sic] *Series, More or Less* (Brighton, 1973)

Port of Saints (London, 1973)

'Face to Face with the Goat God', *Oui* magazine (August 1973)

Snack (London, 1975)

The Last Words of Dutch Schultz [film script] (New York, 1975)

The Book of Breeething with Bob Gale (Ingatestone, 1975)

Cobble Stone Gardens (New York, 1976)

The Retreat Diaries (New York, 1976)

Junky (New York, 1977)

The Third Mind, with Brion Gysin (New York, 1978)

Blade Runner: A Movie (Berkeley, CA, 1979)

Ah Pook is Here (London, 1979)

Port of Saints (Berkeley, CA, 1980)

Early Routines (Santa Barbara, CA, 1981)

Cities of the Red Night (New York, 1981)

'Introduction: God's Own Medicine', in Dean Latimer and Jeff Goldberg,
    Flowers in the Blood: The Story of Opium (New York, 1981)

The Place of Dead Roads (New York, 1983)

The Burroughs File (San Francisco, 1984)

'Foreword to BEAT HOTEL', in Harold Chapman, *The Beat Hotel*
    (Geneva, 1984)

Queer (New York, 1985)

The Adding Machine (London, 1985)

The Cat Inside (New York, 1986)

"Preface" to Brion Gysin, *The Last Museum* (New York, 1986)

The Western Lands (New York, 1988)

'Foreword' to Jack Black, *You Can't Win* (New York, 1988)

Interzone (New York, 1989)

Ghost of Chance (New York, 1991)

'Foreword' to John Strausbaugh and Donald Blaise, eds, *The Drug User:
    Documents 1840–1960* (New York, 1991)

Painting and Guns (New York and Madras, 1992)

"Introduction" to *Everything is Permitted:The Making of "Naked Lunch"*,
    ed. Ira Silverberg (London, 1992)

The Letters of William S. Burroughs 1945–1959, ed. Oliver Harris (New York,
    1993)

"Voices in Your Head",introduction to John Giorno, *You Got to Burn to
    Shine* (London, 1994)

Foreword to Denton Welch, *In Youth is Pleasure* (Cambridge, MA, 1994)

My Education: A Book of Dreams (New York, 1995)

Word Virus: The William S. Burroughs Reader, ed. James Grauerholz and
    Ira Silverberg (New York, 1998)

Last Words: The Final Journals of William S. Burroughs, ed. James
    Grauerholz (New York, 2000)

"My Most Unforgettable Character",in Michael Spann, *William Burroughs'
    Unforgettable Characters* (Brisbane, 2001)

Naked Lunch: The Restored Text, ed. James Grauerholz and Barry Miles
    (New York, 2003)

The Yage Letters Redux, ed. Oliver Harris (San Francisco, 2006)

Everything Lost: The Latin American Notebook of William S. Burroughs,
    ed. Oliver Harris (Columbus, OH, 2008)

Bibliography

Collaborative, epistolary, extensively variant, minor, underground:
Burroughs's bibliography is exceptionally complex, but he has been well
served by his bibliographers.

Miles Associates [Barry Miles], *A Descriptive Catalogue of the William
    S. Burroughs Archive* (London, 1973)

Maynard, Joe, and Barry Miles, *William S. Burroughs: A Bibliography
    1953–1973* (Charlottesville, VA, 1978)

Miles, Barry,"A Checklist of the Books of William Seward Burroughs",
    in *The Final Academy* (London, 1982)

Sinclair, Iain,"Kerouac, Burroughs, Ginsberg, The Definitive Catalogue:
    [Part 1] Wm. Seward Burroughs",in *Driffs: The Antiquarian and Second
    Hand Book Fortnightly*, no. 1 (8–22 January 1986)

Goodman, Michael B., and Lemuel Coley, *William S. Burroughs: A Reference Guide* (New York, 1990)

Shoaf, Eric C., *Collecting William S. Burroughs in Print* (Rumford, RI, 2000)

Biography, Interviews, Criticism

Ansen, Alan, *William Burroughs: An Essay* (Sudbury, MA, 1986)

Bockris, Victor, *A Report from the Bunker with William Burroughs* (London, 1982)

Campbell, James, *This is the Beat Generation* (London, 1999)

Chapman, Harold, *The Beat Hotel* (Geneva, 1984)

Cooper, Dennis, "King Junk", in *All Ears: Cultural Criticism, Essays and Obituaries* (New York, 1999)

The Final Academy: Statements of a Kind (London, 1982)

Grauerholz, James W., *"The Death of Joan Vollmer Burroughs: What Really Happened?"*, at http://old.lawrence.com/burroughs/deathofjoan

Harris, Oliver, *William Burroughs and the Secret of Fascination* (Carbondale, IL, 2003)

Hibbard, Allen, ed., *Conversations with William S. Burroughs* (Jackson, FL, 1999)

Lotringer, Sylvère, ed., *Burroughs Live: The Collected Interviews of William S. Burroughs, 1960–1997* (New York, 2001)

Loydell, Rupert, ed. *My Kind Of Angel: i.m. William Burroughs* (Exeter, 1998)

Lydenberg, Robin, *Word Cultures* (Chicago, 1987)

Miles, Barry, *William Burroughs: El Hombre Invisible* (London, 1992)

—, *The Beat Hotel* (London, 2001)

Morgan, Ted, *Literary Outlaw* (London, 1991)

Mottram, Eric, *William Burroughs: The Algebra of Need* (London, 1977)

Murphy, Timothy S., *Wising Up the Marks: The Amodern William Burroughs* (Berkeley, 1997)

RE-Search 4-5: William S Burroughs, Brion Gysin, and Throbbing Gristle (San Francisco, 1982)

Review of Contemporary Fiction: William S. Burroughs Number (Spring 1984)

Russell, Jamie, *Queer Burroughs* (Basingstoke, 2001)

Schneiderman, Davis, and Philip Walsh, *Retaking the Universe: William S. Burroughs in the Age of Globalisation* (London, 2004)

Skerl, Jennie, *William S. Burroughs* (Boston, MA, 1985)

—, and Robin Lydenberg, eds, *William S. Burroughs: At the Front: Critical Reception, 1959–1989* (Carbondale, IL, 1991)

Sobieszek, Robert A., *Ports of Entry: William S. Burroughs and the Arts* (Los Angeles, 1996)

Tankard, Frank, "The Inner Circle: Memories Collected from the FOBS (Friends of Burroughs)", at www.lawrence.com/news.2007/jul/30/inner_circle

Tanner, Tony, *City of Words: American Fiction 1950–1970* (London, 1971)

Weissner, Carl, *Burroughs: Eine Bild-Biographie* (Berlin, 1994)

关于作者

菲尔·贝克（Phil Baker）是一位自由传记作家。著有《苦艾酒之书：一种文化历史》（*The Book of Absinthe: A Cultural History*），还为《星期日泰晤士报》《观察者》《泰晤士报文学副刊》等报纸写过很多评论。现居伦敦。

关于本书

威廉·巴勒斯是"垮掉的一代"中的一位代表性人物。在本书中，作者追溯了巴勒斯的一生——从20世纪40年代在纽约下层社会的生活，到墨西哥和南美丛林、丹吉尔和写作《裸体午餐》、巴黎和"垮掉"旅馆、20世纪60年代的伦敦，一直到堪萨斯州的小城。作者从巴勒斯的经历发生地找寻最贴切的线索，研究了大量的最新资料，深度挖掘巴勒斯脆弱的情感世界和对其影响深远的友情经历，对巴勒斯的一生进行了深入而有力的解读。

人，贵在读正确的书

大师馆
DASHI GUAN